Niels Haberlandt

Dokumentation der Ergebnisse der Situationsanalyse „Sport und Rechtsextremismus im Land Brandenburg"

GRIN Verlag

Bibliografische Information der Deutschen Nationalbibliothek:

Die Deutsche Bibliothek verzeichnet diese Publikation in der Deutschen National-
bibliografie; detaillierte bibliografische Daten sind im Internet über http://dnb.d-
nb.de/ abrufbar.

Impressum:

Copyright © 2011 GRIN Verlag GmbH
Druck und Bindung: Books on Demand GmbH, Norderstedt Germany
ISBN: 978-3-656-03170-3

Dieses Buch bei GRIN:

http://www.grin.com/de/e-book/179889/dokumentation-der-ergebnisse-der-situa-
tionsanalyse-sport-und-rechtsextremismus

GRIN - Your knowledge has value

Der GRIN Verlag publiziert seit 1998 wissenschaftliche Arbeiten von Studenten, Hochschullehrern und anderen Akademikern als eBook und gedrucktes Buch. Die Verlagswebsite www.grin.com ist die ideale Plattform zur Veröffentlichung von Hausarbeiten, Abschlussarbeiten, wissenschaftlichen Aufsätzen, Dissertationen und Fachbüchern.

Besuchen Sie uns im Internet:

http://www.grin.com/

http://www.facebook.com/grincom

http://www.twitter.com/grin_com

Universität Potsdam

Wirtschafts- und Sozialwissenschaftliche Fakultät

Lehrstuhl für politische Theorie und Philosophie

Dokumentation der Ergebnisse der Situationsanalyse
„Sport und Rechtsextremismus im Land Brandenburg"
(Vereinsbefragung 2009/2010)

Mit Unterstützung von

Prof. Dr. Heinz Kleger

Frauke Postel

David Tong Luna

01.10.2011von:

Niels Haberlandt

Inhaltsverzeichnis

1. Einleitung

Rechtsextreme Entwicklungen treten in allen gesellschaftlichen Bereichen auf, offen sichtbar oder in latenter Form. Auch in Sportvereinen und Sportverbänden sind diese Tendenzen erkennbar. Einzelfälle zeigen, dass die Sportstrukturen Anknüpfungspunkte für Rechtsextreme bieten. *Decker* und *Brähler* verdeutlichen in ihrer aktuellen Studie „Bewegung in der Mitte", dass deutschlandweit durchschnittlich 40 Prozent der Bevölkerung rechtsextremen Items folgen würden. Rückt man das so genannte Neutralitätsgebot der Vereine in den richtigen Kontext und erkennt an, dass Sportvereine schon aufgrund des Organisationsgrades politische Körperschaften sein müssen, erkennt man, dass diese Ausprägungen mit Sicherheit auch in Sportvereinen auftreten. Das wird bei der Erörterung der Zusammensetzung des organisierten Sports umso deutlicher, wo von einer homogenen Gemeinschaft per se nicht ausgegangen werden kann. Zudem eröffnen vor allem große soziale Probleme besondere Chancen für das Wirken rechtsextremer Strukturen.

Sport ist nicht nur die schönste Nebensache der Welt, im organisierten Sport der Vereine und Verbände spiegeln sich alle gesellschaftlichen Probleme wider, so auch der Rechtsextremismus. Die Phänomene sind unterschiedlich und reichen vom Tragen der Trikotnummer 88 über rechtsextreme Fan-Ausschreitungen, die Übernahme von Ämtern in Vereinen wie das des Jugendtrainers oder Ordners durch Rechtsextreme bis hin zur Gründung von „eigenen Vereinen". Da jeder fünfte Bundesbürger Mitglied in einem Sportverein ist und eine gute Infrastruktur besteht, sind die Inanspruchnahme der Sportangebote sowie die Nutzung der Kontakte und Netzwerke im Sport durch Rechtsextreme und Unterstützer aus "der bürgerlichen Mitte der Gesellschaft" nicht unwahrscheinlich.

In der Regel kommen Vereine jedoch nicht auf externe Berater/innen zu, um bei den Mitgliedern der Beratungsnetzwerke einen Fall anzumelden. Im Gegenteil, die Berater/innen müssen sich mit einer sehr sportspezifischen Vorgehensweise ihren Beraterauftrag "erarbeiten".

Sportvereine setzen in einem hohen Maße auf Vertrauen. Dies zeigt sich auch bei der Vergabe von Ämtern und Aufgaben. Externen wird ungern Einblick ins System gewährt. Sportvereine verwechseln häufig politische mit parteipolitischer Neutralität. Auch dies ist eine Beratungsbarriere, die beachtet werden muss. Zusammengefasst lassen sich folgende fünf Gründe festhalten, die sicher auch den Anstoß für die Initiierung eines solchen Projektes liefern können:

- es gibt regelmäßig rechtsextrem motivierte Anlässe mit Sportbezug,

- der (organisierte) Sport wird taktisch durch rechtsextreme Gruppierungen genutzt,
- nicht nur Rechtsextremismus ist ein Thema im Verband und in den Sportvereinen, (Diskriminierung, Homophobie, Sexismus, Fremdenfeindlichkeit)
- wir haben es vordergründig mit einem Einstellungsproblem zu tun,
- der (organisierte) Sport kann dieses Thema bearbeiten und ist in der Lage über seine Organisationsstrukturen zu sensibilisieren

Die erste bundesweite Studie zum Thema „Rechtsextremismus im Sport in Deutschland" brachte hinsichtlich der Erscheinungsformen wenige neue Erkenntnisse. Die Studie fasst die Vorfälle verallgemeinert auf fünf Ebenen zusammen:

„Aufgrund der zusammengetragenen Daten kann zum gegenwärtigen Zeitpunkt festgestellt werden, dass in den vergangenen Jahren zwar Fälle öffentlich wurden, in denen rechtsextreme Personen und/oder Gruppen im Sport in der Form aufgefallen sind, dass sie aktiv Sportvereine, Sportveranstaltungen und Wettbewerbe als Plattform für ihre politische Gesinnung und zur Agitation zu nutzen suchten, allerdings können keine Aussagen darüber getroffen werden, wie intensiv sich die tatsächliche Einflussnahme rechtsextremistischer Gruppen oder Personen im Sport darstellt bzw. wie gefährlich die Tendenzen eingeschätzt werden müssen.

Rechtsextreme Vorfälle lassen sich in folgenden Bereichen beobachten:

- *eigene – neue – Vereinsgründungen durch Rechtsextreme / Zusammenspiel von Funktionären und Sportlern,*
- *ehrenamtliche Tätigkeiten innerhalb von Vereinen durch Rechtsextreme – als Trainer, Betreuer, Vereinsfunktionäre etc.,*
- *Tätigkeiten von Sponsoren und anderen Unterstützern,*
- *gezielte – schleichende – Infiltration von aktiven Sportlern in bestehende Vereine bzw.*
- *Versuch aktiver Teilnahme an Wettbewerben,*
- *von Rechtsextremen organisierte Turniere mit Wirkung über diese Szene hinaus. "*[1]

Auch im Land Brandenburg finden wir eine Reihe von Fällen, die sich in diese Liste einfügen lassen. Der Autor gibt eine Auswahl der Anlässe hier anonymisiert und als Stichpunkte wieder:

---

[1] Pilz, Gunther A. & Co.: Rechtsextremismus im Sport und im internationalen Vergleich, 2009 (Kurzfassung)

- überwiegend rechtsextreme Spielbesucher von Fußballspielen treten aggressiv, gewalttätig, auch politisch motiviert bei Heim- und Auswärtsspielen vor allem im Amateurbereich auf,
- Ordner im Fußballstadion gehören der rechtsextremen Szene an,
- Versuch des Sponsorings einer Jugendfußballmannschaft bzw. Mitarbeit auf Funktionärsebene durch ein Mitglied einer rechtsextremen Partei,
- Sportfeste werden selbst organisiert oder es findet eine Teilnahme an Sportveranstaltungen/Fußballturnieren statt,
- Anmietung von Vereinsanlagen/Clubräumlichkeiten zur Veranstaltung von Freizeitcamps durch die mittlerweile verbotene „Heimattreue Deutsche Jugend" (HDJ),
- Mitgliedschaft von bekannten Rechtsextremen im Sportverein ohne gezielte Beeinflussungsversuche,
- eigene Vereins-/Clubgründungen,
- Teilnahme von rechtsextremen Gruppen am örtlichen Spielbetrieb.

Weitere interessante Fälle im Bereich des Sports bietet der aktuelle Verfassungsschutzbericht und auch der der Vorjahre. Die Auflistung der Fälle ist hierbei nicht anonymisiert. Für die tägliche Arbeit als Berater von Sportvereinen ist Anonymität natürlich essentiell.

Sowohl die Sportfachverbände als auch die Landessportbünde weisen vielfach darauf hin, dass innerhalb ihrer Sportverbände bisher keine oder wenig Vorfälle mit rechtsextremem Hintergrund stattgefunden haben bzw. dass dieses Thema innerhalb ihres Verbandes keine Rolle spielt. Hierbei drängt sich der Eindruck auf, dass die Sensibilisierung für das Thema weder das Gros der Vereine noch der Verbände als übergeordnete Instanzen erreicht hat.

Als zusätzliches Problem ergibt sich, dass viele Vereine bei Vorfällen mit rechtsextremem Hintergrund nicht an übergeordnete oder externe Stellen mit Hilfegesuchen herantreten, sondern interne Lösungen suchen, die ein Publikmachen verhindern. Letztlich kann festgehalten werden, dass die meisten Sportvereine für ihre Arbeit keine Veranlassung sehen, sich mit Rechtsextremismus zu beschäftigen. Diese Auflistung zeigt auch die Schwierigkeit auf, Sportvereine als zivilgesellschaftliche Akteure zu aktivieren.

Denn es :

- herrscht weiterhin große Unsicherheit im Umgang mit dem Thema Rechtsextremismus im Sportverein,

- besteht die Angst vor einem (berechtigten) Image- und Mitgliederverlust nach Bekanntwerden eines Vorfalles,

- wird als Thema für Sportvereine fast nicht wahrgenommen und

- wird unter Hinweis auf das Gebot der politischen Neutralität des Sports fälschlicherweise angenommen, der Sport sei unpolitisch.

Um uns den Möglichkeiten in der Arbeit im Umgang mit rechtsextremen Strukturen im Sport zu nähern, ist zunächst eine kritische Reflexion der sozialen und präventiven Funktionen des Sportes angebracht. Sowohl Chancen als auch Gefährdungen sind dem Sport immanent, was das Konzept der Kultur des Sports versus Sportkultur von *GRUPE* und *PILZ* ausdrückt.

Denn das Hervorheben der bildenden, erzieherischen, präventiven Bedeutung des Sports verdeckt andererseits aber auch dem Sport immanente Problemfelder der Gewalt, Fremdenfeindlichkeit, der rücksichtslosen Interessendurchsetzung und Gesundheitsgefährdung.

Die folgende Darstellung verdeutlicht die Janusköpfigkeit des Sports insgesamt, woraus das oben genannte Konzept problemlos abgeleitet werden kann.

Abbildung 1: Janusköpfigkeit des Sports[2]

Positive Dimension	vs.	Negative Dimension
Integration	vs.	Ausgrenzung
Versöhnung	vs.	Rassismus
Gleichberechtigung	vs.	Fremdenfeindlichkeit
Fair Play & Teamgeist	vs.	Gewaltbereitschaft
Soziale Kompetenzen	vs.	Korruption
Engagement	vs.	Kommerzialisierung
Internationale Verständigung	vs.	Übersteigerter Nationalismus

Es muss hier zwischen den zwei Seiten der möglichen Ausprägungen unterschieden werden. Sportkultur meint die Ebene, die der Sport zwischen seinen positiven wie negativen, in seinen kulturellen wie kultischen Ausformungen, inklusive Erscheinungen wie Doping, Gewalt und auch Diskriminierung verkörpert. Kultur des Sports hingegen meint Werte und Ideen des Sports, die bewahrt, befolgt, realisiert werden sollten, zum Beispiel Fairness, Gemeinschaft und Solidarität. Hier wird Kultur als normative Setzung verstanden. Sporttreiben ist jedoch nicht per se erzieherisches, soziales, faires, kameradschaftliches Handeln. Vielmehr ist es Aufgabe des Sports darauf hinzuwirken, dass diese im Sport angelegten Werte und Ideale realisiert werden.

Chancen und Grenzen des organisierten Sports im Umgang mit dieser Thematik können in einer weiteren Ebenenbetrachtung der personalen, organisatorischen und gesellschaftlichen Stufe zugeordnet werden. *Angelika Ribler*[3] und ich haben diese Ebenen analysiert und sind zu einer Reihe von Möglichkeiten gelangt, um innerhalb der Sportstrukturen Anknüpfungspunkte zu suchen:

> ➤ etwa jeder fünfte Bundesbürger treibt Sport im Verein. Allerdings trifft man (nicht nur) hier auf ein Ost-West Gefälle. Der Organisationsgrad liegt derzeit in Westdeutschland bei ca. 32 Prozent, während in Ostdeutschland durchschnittlich nur knapp 14 Prozent in einem Sportverein gemeldet sind. Diese Struktur bietet einen hervorragenden Rahmen für die universalistische Herangehensweise im Sportverein.

> ➤ In jedem Dorf gibt es, neben der oft vorhandenen Feuerwehr, mindestens einen Sportverein. Dies bietet Organisationsstrukturen und damit Schnittmengen auch in ländlichen Gebieten mit geringer Einwohnerzahl.

> ➤ Wir haben es mit vorwiegend ehrenamtlichen Strukturen zu tun, die personenorientiert arbeiten. Nicht selten funktionieren Sportvereine aufgrund des Engagements einer einzelnen Person oder einer kleinen Gruppe von Menschen. Es gilt für den Berater deshalb den oder die Protagonisten zu finden und zu aktivieren. Sicher kann diese Situation auch nachteilig wirken.

> ➤ Der Sport nimmt bereits gesellschaftliche Aufgaben wahr. Zudem ist es „Mainstream" sich gegen Rechtsextremismus zu engagieren. Die lokalen Aktionspläne über das Bundesprogramm sind dabei wichtige Bausteine zur Akquisition von Projektmitteln.

> ➤ Es findet Bezug nehmend auf das Konzept der Kultur des Sports im Bereich der Primärprävention eine Wertevermittlung statt. Diese ist im Idealfall mit der Entwicklung von Persönlichkeitswerten, sozialer Kompetenz und Teamverständnis verbunden.

> ➤ Trainer sind Bezugspersonen. Dies bietet vielfältige Chancen für die Beratungsarbeit.

Aus dieser Betrachtung ergeben sich ebenso viele Grenzen, die dem organisierten Sport immanent sind:

> ➤ Sportvereine sind ein Spiegel bzw. sogar Brennglas der Gesellschaft. *Pilz* spricht hier sogar von einer Parabolspiegelfunktion, der die Problemlagen reflektiert.

> ➤ Gefahr der Überforderung von Ehrenamtlichkeit. Trainer und Übungsleiter sind keine Sozialarbeiter und können diese Funktion selbstverständlich nicht ausfüllen.

---

[2] *Quelle: Prof. Stephan Bundschuh, eigene Darstellung*
[3] *Angelika Ribler ist Projektleiterin der Sportjugend Hessen und mit dem Projekt „Mobile Interventionsteams gegen Rechtsextremismus im Sport" betraut.*

> Heterogenität von Einstellungen: Sportvereine sind keine homogenen Gebilde.

> Erklärungen gegen Extremismus / für Demokratie sind oft nicht trennscharf genug. Ebenso ist die Vorstellung vom „Rechtsextremismus" oft diffus.

> Das Neutralitätsgebot wird vorgeschoben.

> Rollentrennung zwischen „Privatperson" und „Amt/Funktion".

> Soziale Nähe – Sportvereine agieren wie Dörfer.

> Befürchtungen das Thema Rechtsextremismus/Rassismus offensiv aufzugreifen. Dies wurde bereits hinreichend erläutert.

Es geht demnach einzig darum Protagonisten zu lokalisieren und diese in ihrer demokratischen Gesinnung zu stärken und gleichzeitig ein Empowerment bedrohter Personengruppen vorzunehmen.

Für die Betrachtung von Sportvereinen als zivilgesellschaftliche Akteure bietet sich die Unterscheidung in die Bereiche Primärprävention, Früherkennung und Intervention an.[4]

Es ist erforderlich in allen drei Bereichen mit Sportvereinen zu agieren. Während der Hauptteil der Arbeit in der primären Prävention stattfindet, etwa durch Sensibilisierung für das Thema, Werteklärungen oder Schulungsmaßnahmen, spielt die Früherkennung ebenfalls eine wichtige Rolle für die Beratertätigkeit. Entsprechend der vorangegangenen Grafik ist in diesem Bereich durch die Beobachtung bzw. Wahrnehmung von rechtsextremen Tendenzen die Möglichkeit vorhanden, Handlungsenergie zu erzeugen. Interventionsmaßnahmen treten dann beim Vorhandensein rechtsextremer Vorfälle in den Vordergrund. Es gilt die Vereine dabei professionell zu begleiten. Die Maßnahmen in den einzelnen Bereichen sind selbstverständlich unterschiedlich, weisen allerdings Schnittmengen zueinander auf.

Von einer strukturellen Verankerung des Themenkomplexes Rechtsextremismus im organisierten Sport als Querschnittsaufgabe und einer kontinuierlichen Hinwendung und Bearbeitung durch hauptamtliche Mitarbeiter kann derzeit in Deutschland nur partiell gesprochen werden. Gute Ansätze hierfür gibt es jedoch in Brandenburg, Hessen, Thüringen und Niedersachsen. Ebenfalls hat die Implementierung des Bundesprogramms „Zusammenhalt durch Teilhabe" des Bundesinnenministeriums neue Impulse in Ostdeutschland in den Sportstrukturen gesetzt. (Förderperiode 2011 bis 2013)

---

[4] Vgl. Ribler, Angelika: Vortragsskript 28.03.2009, Fachtagung der Deutschen Sportjugend in Hannover.

Solange ein Verein jedoch innerhalb seiner Strukturen keine Gefahr durch Rechtsextremismus sieht oder benennt, wird er auch keinen Bedarf für mögliche Schulungen, Beratung etc. anmelden. Die Sensibilisierung für das Thema innerhalb der Sportstrukturen erfordert eine kontinuierliche Herangehensweise.

Das Ziel der Erhebung war es, eben diesen Grad der Sensibilisierung empirisch zu ermitteln. Die Erhebung fand in Zusammenarbeit mit dem Landessportbund Brandenburg e.V. und der Universität Potsdam statt. Sie entstand im Rahmen des Promotionsverfahrens des Autors und ist daher ein Auszug aus der Dissertation. Großer Dank geht an Frauke Postel, die beratend die einzelnen Arbeitsschritte kritisch begleitet und qualifiziert hat.

2. Durchführung der Untersuchung

Die Standardbefragung zur Erhebung einer Situationsanalyse Sport und Rechtsextremismus im Land Brandenburg innerhalb des organisierten Sports wurde im Zeitraum zwischen Oktober 2009 und Januar 2010 durchgeführt. Der standardisierte Fragebogen wurde der Aussendung der Bestandserhebungsbögen des Landessportbundes beigelegt, das heißt in aller Regel hat der Vereinsvorstand beziehungsweise der Vorsitzende oder die Vorsitzende diesen standardisierten Fragebogen erhalten. Insgesamt wurden 2.917 Fragebögen an die Vereine im Land Brandenburg versendet. Vorteil dieser Aussendungsvariante war das Erreichen vieler Sportvereine im Land. Als großer Nachteil an dieser Methode erwies sich, dass noch weitere Unterlagen gleichzeitig mit dieser Aussendung versendet wurden und der Fragebogen möglicherweise weniger Beachtung fand. Insgesamt sind 283 Rückläufer zu verzeichnen. Der letzte Fragebogen erreichte mich am 23.02.2010. Das entspricht einer Rückläuferquote von 9,71 %. Diese fast 10 % Rückläuferquote beinhaltet, dass die Befragungen insgesamt als repräsentativ für die Sportvereine im Land Brandenburg anzunehmen sind. Der Fragebogen bestand aus insgesamt 15 Fragen (siehe Anlage). Die Fragen waren in verschiedene Themenkomplexe gegliedert:

Komplex I - Fragen zum Sportverein;

Komplex II - Fragen zum Sensibilisierungsgrad im Verein;

Komplex III - Fragen zu möglichen Vorfällen mit rechtsextremem Hintergrund im Sport;

Komplex IV - Fortbildungsbedarf im Verein;

Komplex V - statistische Angaben zur Person.

Im Anhang des Fragebogens bestand die Möglichkeit den Namen und die E-Mail-Adresse anzugeben, um später als möglicher Experte für ein persönliches Interview zur Verfügung zu stehen beziehungsweise um weitere Informationen zum Projekt "Verein(t) gegen Rechtsextremismus im Sport" zu erhalten. Weiterhin war es möglich Kommentare, Anregungen, Wünsche oder Erfahrungen in einer Box zu hinterlegen. Dieser Bereich für Statements wurde auch ausgiebig genutzt. Hierzu später in der Analyse. Bei den meisten Fragen war nur eine Antwort zulässig und es konnte auch nur ein Kästchen angekreuzt werden. Bei Frage 7 (Gab es nach Ihrem Kenntnisstand Vorfälle mit organisiertem rechtsextremem Hintergrund in Ihrem sportlichen Umfeld?) war es möglich, zwischen verschiedenen Fallklassifizierungen zu wählen und diese auch kumuliert anzukreuzen. Bei Frage 8 (Zu welchen Fortbildungsbereichen sehen Sie in ihrem Verein/Verband Bedarf?) war es ebenfalls möglich, mehrere Bereiche anzugeben.

3. Stichprobenbeschreibung

Insgesamt wurden die Antworten von 283 eingegangenen Fragebögen erfasst. Es wurde somit eine Fallzahl erreicht, die statistisch zuverlässige Aussagen zulässt. Die Auswertung von 275 gültigen Fragebögen ist die Grundlage für den vorliegenden Bericht.

4. Themenkomplex I - Fragen zum Sportverein

270 der 275 gültigen Fragebögen kamen von Sportvereinen aus dem Land Brandenburg. Nur 3 Rückläufer kamen von einem Fachverband beziehungsweise 2 von einem Kreis- oder Stadtsportbund.

Tabelle 1: Welchen Status hat Ihre Institution?

		Häufigkeit	Prozent	Gültige Prozente	Kumulierte Prozente
Gültig	Sportverein	270	95,4	98,2	98,2
	Fachverband	3	1,1	1,1	99,3
	Kreis-/Stadtsportbund	2	0,7	0,7	100,0
	Gesamt	275	97,2	100,0	
Fehlend	keine Angabe	8	2,8		
Gesamt		**283**	**100,0**		

4.1. Anzahl der Mitglieder im Verein

Insgesamt 88,4 % der Rückläufervereine haben eine Mitgliederzahl bis zu 300 Mitgliedern. Nur etwas über 10 % liegen über dieser 300er Marke an Mitgliedern, das heißt wir haben es bei den befragten Vereinen überwiegend mit kleinen und mittleren Vereinen aus dem Land Brandenburg zu tun, die ihre Meinung zum Thema in Form des Fragebogens abgegeben haben. Dieses Ergebnis spiegelt auch die Vereinsentwicklung insgesamt wieder. Es gibt in der Regel in den Kreisen und Stadtsportbünden kleine Vereine, mit niederen Strukturen. Großvereine werden nur vereinzelt registriert.

Tabelle 2: Anzahl der Mitglieder im Verein

		Häufigkeit	Prozent	Gültige Prozente	Kumulierte Prozente
Gültig	bis 25	42	14,8	15,2	15,2
	26-50	48	17,0	17,3	32,5
	51-100	69	24,4	24,9	57,4
	101-200	58	20,5	20,9	78,3
	201-300	28	9,9	10,1	88,4
	301-500	18	6,4	6,5	94,9
	501-600	9	3,2	3,2	98,2
	über 600	5	1,8	1,8	100,0
	Gesamt	277	97,9	100,0	
Fehlend	keine Angabe	3	1,1		
	System	3	1,1		
	Gesamt	6	2,1		
Gesamt		283	100,0		

Abbildung 2: Anzahl der Mitglieder im Verein

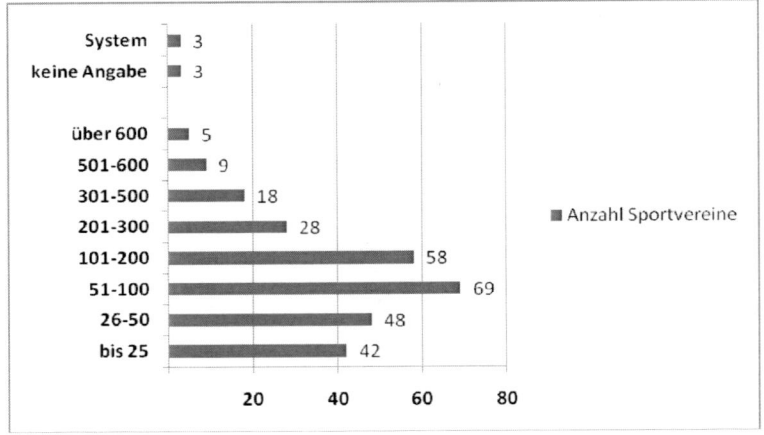

4.2. Einsparten- oder Mehrspartenverein

59 % der befragten Vereine waren Einspartenvereine, 41 % Mehrspartenvereine mit mehreren Abteilungen im eigenen Verein. Die Sportarten, die im Verein betrieben werden, waren überwiegend der Fußballsport, Triathlon, und auch viele Kampfsportler. Hinzu kommt in Einzelnennung fast das komplette Spektrum der Sportangebote im Land Brandenburg von Handball über Gymnastik bis hin zu Judo, Inline-Hockey, Kegeln, Sportschiessen,

Tischtennis oder auch Radsport. Bemerkenswert viele Volleyballvereine finden sich in dieser Statistik zudem wieder.

4.3. Mitglied im Landessportbund Brandenburg e.V.

98,9 % der befragten Vereine sind Mitglied im Landessportbund, drei gaben an nicht Mitglied im Landessportbund zu sein, zwei Antworten waren fehlend. Das ist verwunderlich, denn die Standarderhebung wurde nur an Vereine aus dem Landessportbund gesendet, weshalb eigentlich anzunehmen war, dass alle Vereine, die sich zurückmelden, auch Mitgliedsverein im Landessportbund Brandenburg e.V. sind.

Tabelle 3: Mitglied im Landessportbund Brandenburg e.V.

		Häufigkeit	Prozent	Gültige Prozente	Kumulierte Prozente
Gültig	ja	278	98,2	98,9	98,9
	nein	3	1,1	1,1	100,0
	Gesamt	281	99,3	100,0	
Fehlend	keine Angabe	2	0,7		
Gesamt		283	100,0		

5. Themenkomplex II - Fragen zum Sportverein

Bei den folgenden 9 Unterfragen, zusammengefasst unter Frage 4, sollte nun erfasst werden, inwieweit der Sensibilisierungsgrad im Verein bereits ausgeprägt ist. Dies sollte geschehen über Zustimmung beziehungsweise Ablehnung zu bestimmten Aussagen. Die Skala reichte von "ich stimme voll zu", eher nicht zu" bis hin zu „gar nicht zu".

5.1. Thematisierung „Rechtsextremismus im Sportverein"

Zunächst wurde nachgefragt, ob das Thema „Rechtsextremismus im Sport" diskursiv bei den Sportvereinen eine Rolle spielt. Der überwiegende Teil, nämlich fast 90 %, sagten hierbei aus, dass das Thema Rechtsextremismus in ihrem Sportverein eher weniger oder eine untergeordnete Rolle spielt, beziehungsweise überhaupt nicht thematisiert wird. Nur knapp 11% gaben an, dass es darüber Gespräche oder einen Austausch im Verein gibt.

Tabelle 4: In unserem Verein spielt das Thema Rechtsextremismus eine Rolle.

		Häufigkeit	Prozent	Gültige Prozente	Kumulierte Prozente
Gültig	stimme voll zu	14	4,9	5,0	5,0
	stimme eher zu	18	6,4	6,4	11,4
	stimme eher nicht zu	88	31,1	31,4	42,9
	stimme gar nicht zu	160	56,5	57,1	100,0
	Gesamt	280	98,9	100,0	
Fehlend	keine Angabe	3	1,1		
Gesamt		283	100,0		

Abbildung 3: In unserem Verein spielt das Thema Rechtsextremismus eine Rolle.

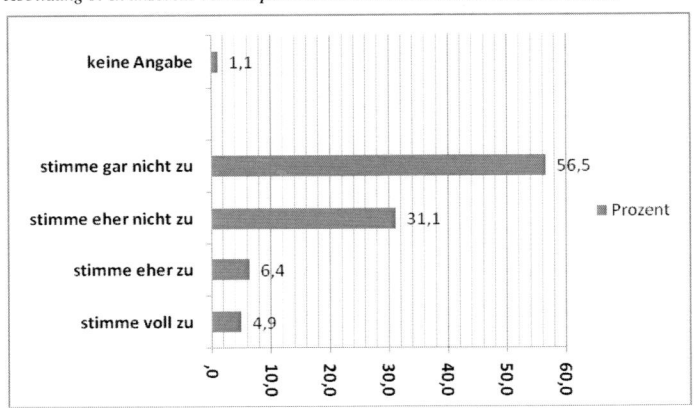

5.2. Hinwendung zu Projekten mit der Thematik

Ob sich der Verein gern solchen Projekten widmet, sollte in der nächsten Frage eruiert werden. Wiederum der überwiegende Teil sagte hier aus, dass sie sich eher weniger solchen Projekten widmen beziehungsweise gar nicht widmen möchten. Diese Aussage trifft auf 71 % der befragten Vereine zu. Aber an dieser Statistik sieht man, dass auch Sportvereine unter den Befragten waren, nämlich insgesamt 68 Sportvereine, die sich gern Projekten zu diesen Inhalten wie dem Thema Rechtsextremismus beschäftigen würden.

Tabelle 5: In unserem Verein widmen wir uns gern Projekten zu diesem Inhalt.

		Häufigkeit	Prozent	Gültige Prozente	Kumulierte Prozente
Gültig	stimme voll zu	22	7,8	8,2	8,2
	stimme eher zu	46	16,3	17,1	25,3
	stimme eher nicht zu	102	36,0	37,9	63,2
	stimme gar nicht zu	99	35,0	36,8	100,0
	Gesamt	269	95,1	100,0	
Fehlend	keine Angabe	14	4,9		
Gesamt		283	100,0		

Abbildung 4: In unserem Verein widmen wir uns gern Projekten zu diesem Inhalt.

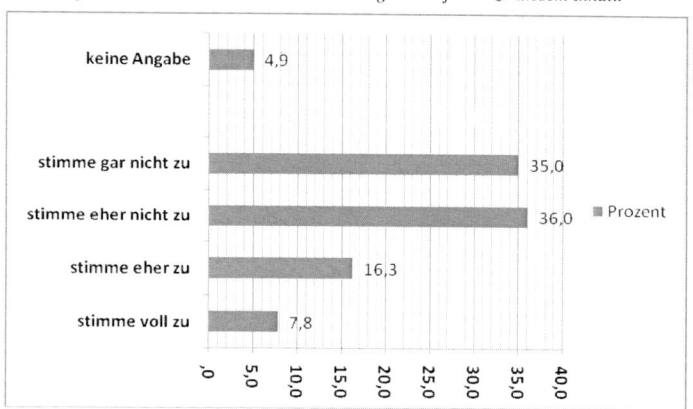

5.3. Schulung der Mitglieder

Die nächste Frage sollte sichtbar machen, ob sich der Verein seinen Mitgliedern verpflichtet fühlt, sie regelmäßig zum Thema Rechtsextremismus zu schulen. Nicht überraschend ist die Antwort oder sind die Antworten: Der überwiegende Teil sagt, dass zu diesem Thema keine Schulungen im Sportverein durchgeführt werden beziehungsweise es in keiner Form in der Ausbildung enthalten ist. Lediglich 16 Vereine gaben hier an, mehr Schulungen zur Thematik durchzuführen beziehungsweise nur drei teilten mit, dass es regelmäßig Schulungen zur Thematik Rechtsextremismus gibt.

Tabelle 6: In unserem Verein Verband KSB SSB werden die Mitglieder regelmäßig zur Thematik geschult.

		Häufigkeit	Prozent	Gültige Prozente	Kumulierte Prozente
Gültig	stimme voll zu	3	1,1	1,1	1,1
	stimme eher zu	13	4,6	4,7	5,8
	stimme eher nicht zu	83	29,3	30,1	35,9
	stimme gar nicht zu	177	62,5	64,1	100,0
	Gesamt	276	97,5	100,0	
Fehlend	keine Angabe	7	2,5		
Gesamt		283	100,0		

Abbildung 5: In unserem Verein Verband KSB SSB werden die Mitglieder regelmäßig zur Thematik geschult.

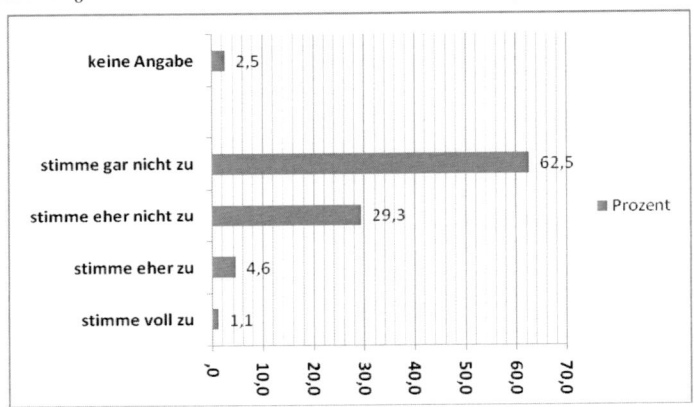

5.4. Beobachtungen rechtsextremer Verhaltensweisen

Interessant ist die nächste Tendenzaussage zur Feststellung „In unserem Verein beobachten wir rechtsextreme Verhaltensweisen beziehungsweise rassistische diskriminierende Äußerungen", was zwei verschiedene Sachverhalte darstellt, wobei rechtsextreme Verhaltensweisen in aller Regel rassistische oder diskriminierende Äußerungen beinhalten. 57,2 % der hier befragten Vereine stimmen gar nicht zu, das heißt, sie haben bislang in ihrem Verein keinerlei rechtsextreme Verhaltensweisen erkennen können. Knapp 20 % stimmen eher nicht zu, was heißen würde, dass es bei der absoluten Zahl von 56 Sportvereinen wohl bislang nicht zu sichtbaren rechtsextremen, rassistischen, diskriminierenden Verhaltensweisen im Verein gekommen ist, es aber durchaus möglich sein könnte. Rund 20 % stimmen dieser Aussage eher zu beziehungsweise stimmen dieser Aussage voll zu und erkennen an dieser Stelle an, dass es in ihrem Verein bereits rechtsextreme Verhaltensweisen gegeben hat, beziehungsweise rassistische oder diskriminierende Äußerungen in welcher Form auch immer registriert wurden.

Tabelle 7: In unserem Verein beobachten wir rechtsextreme Verhaltensweisen beziehungsweise rassistische diskriminierende Äußerungen.

		Häufigkeit	Prozent	Gültige Prozente	Kumulierte Prozente
Gültig	stimme voll zu	19	6,7	6,9	6,9
	stimme eher zu	38	13,4	13,8	20,7
	stimme eher nicht zu	56	19,8	20,4	41,1
	stimme gar nicht zu	162	57,2	58,9	100,0
	Gesamt	275	97,2	100,0	
Fehlend	keine Angabe	8	2,8		
Gesamt		283	100,0		

Abbildung 6: In unserem Verein beobachten wir rechtsextreme Verhaltensweisen beziehungsweise rassistische diskriminierende Äußerungen.

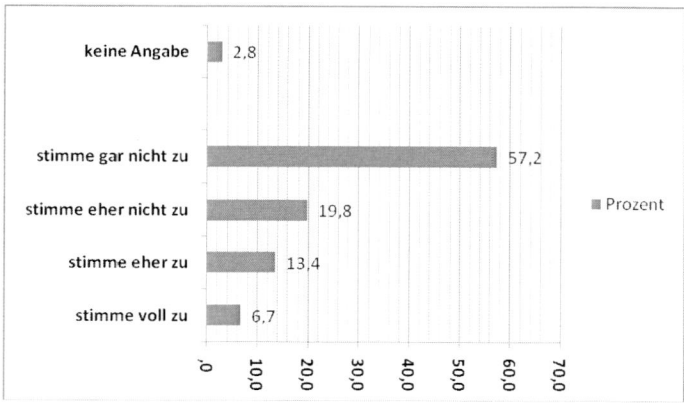

5.5. Wichtigkeit des Themas im Verein

In der nächsten Aussage sollte ermittelt werden, ob im jeweiligen Sportverein andere Themen möglicherweise wichtiger sind. Wie zu erwarten war, stimmten hier 73,9 % der Befragten dieser Aussage voll oder eher zu, das heißt andere Themen im Sportverein sind Ihnen wichtiger. Immerhin 8,5 % stimmten dieser Aussage gar nicht zu, das heißt das andere Themen zumindest in diesem Verein gleichgestellt sind.

Tabelle 8: In unserem Verein sind andere Themen wichtiger.

		Häufigkeit	Prozent	Gültige Prozente	Kumulierte Prozente
Gültig	stimme voll zu	71	25,1	26,5	26,5
	stimme eher zu	127	44,9	47,4	73,9
	stimme eher nicht zu	46	16,3	17,2	91,0
	stimme gar nicht zu	24	8,5	9,0	100,0
	Gesamt	268	94,7	100,0	
Fehlend	keine Angabe	15	5,3		
Gesamt		283	100,0		

Abbildung 7: In unserem Verein sind andere Themen wichtiger.

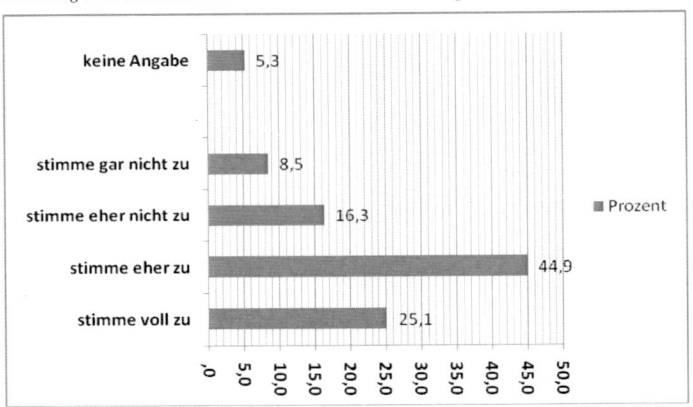

5.6. Tabuisierung

Ob politische Themen im Sportverein generell tabu sind, sollte in der nächsten Aussage herausgefunden werden. 208 der befragten Sportvereine sagten hier aus, dass sie dieser Aussage eher nicht zu beziehungsweise gar nicht zustimmen würden. Das heißt Politik und politische Themen sind im Sportverein nicht grundsätzlich tabu. In etwas über 20 % der Fälle geht es trotzdem nach wie vor lediglich um das Sporttreiben an sich. Politische Themen stehen hier nicht auf der Tagesordnung.

Tabelle 9: In unserem Verein sind politische Themen tabu.

		Häufigkeit	Prozent	Gültige Prozente	Kumulierte Prozente
Gültig	stimme voll zu	9	3,2	3,3	3,3
	stimme eher zu	54	19,1	19,9	23,2
	stimme eher nicht zu	138	48,8	50,9	74,2
	stimme gar nicht zu	70	24,7	25,8	100,0
	Gesamt	271	95,8	100,0	
Fehlend	keine Angabe	11	3,9		
	System	1	,4		
	Gesamt	12	4,2		
Gesamt		**283**	**100,0**		

Abbildung 8: In unserem Verein sind politische Themen tabu.

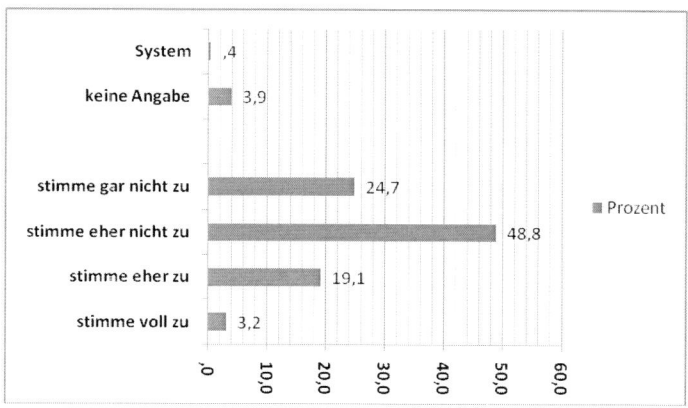

5.7. Initiativen oder Projekte

In immerhin 96 Sportvereinen, das entspricht einer Quote von 29,3 %, kennt man bereits Projekte und Initiativen zum Thema Rechtsextremismus. Diese Zahl ist sehr erfreulich, was bedeutet, dass die Projekte, die es bereits gibt, relativ erfolgreich öffentlichkeitswirksam arbeiten. Trotzdem sagen knapp 65 %, dass sie bislang mit keinerlei Projekten oder Initiativen zum Rechtsextremismus im Sport konfrontiert gewesen sind. Neun Vereine machten hierzu keine Angabe.

Tabelle 10: In unserem Verein kennt man bereits Projekte und Initiativen zum Thema.

		Häufigkeit	Prozent	Gültige Prozente	Kumulierte Prozente
Gültig	stimme voll zu	16	5,7	5,9	5,9
	stimme eher zu	80	28,3	29,3	35,2
	stimme eher nicht zu	88	31,1	32,2	67,4
	stimme gar nicht zu	89	31,4	32,6	100,0
	Gesamt	273	96,5	100,0	
Fehlend	keine Angabe	9	3,2		
	System	1	,4		
	Gesamt	10	3,5		
Gesamt		283	100,0		

Abbildung 9: In unserem Verein kennt man bereits Projekte und Initiativen zum Thema.

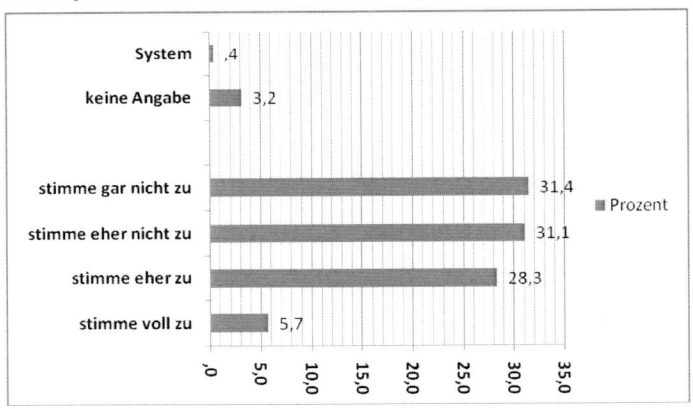

5.8. Beteiligungsinteresse

In der nächsten Frage sollte eruiert werden, ob grundsätzlich Interesse besteht, sich an solchen Projekten als Sportverein im Vorstand oder als Abteilung zu beteiligen. Hier wird deutlich, dass die überwiegende Zahl der Sportvereine an der Durchführung derartiger Projekte und der aktiven Teilnahme an entsprechenden Initiativen nicht interessiert ist. Immerhin aber 80 Vereine stimmten der Aussage eher zu beziehungsweise voll zu, das heißt hier besteht die Bereitschaft an solchen Projekten mitzuarbeiten. Die Quote hierfür liegt bei 24,4 % der Sportvereine, die grundsätzlich interessiert sind, sich an Projekten zur Thematik zu beteiligen.

Tabelle 11: In unserem Verein besteht Interesse sich an solchen Projekten zu beteiligen.

		Häufigkeit	Prozent	Gültige Prozente	Kumulierte Prozente
Gültig	stimme voll zu	11	3,9	4,0	4,0
	stimme eher zu	69	24,4	25,3	29,3
	stimme eher nicht zu	122	43,1	44,7	74,0
	stimme gar nicht zu	71	25,1	26,0	100,0
	Gesamt	273	96,5	100,0	
Fehlend	keine Angabe	9	3,2		
	System	1	,4		
	Gesamt	10	3,5		
Gesamt		283	100,0		

Abbildung 10: In unserem Verein besteht Interesse sich an solchen Projekten zu beteiligen.

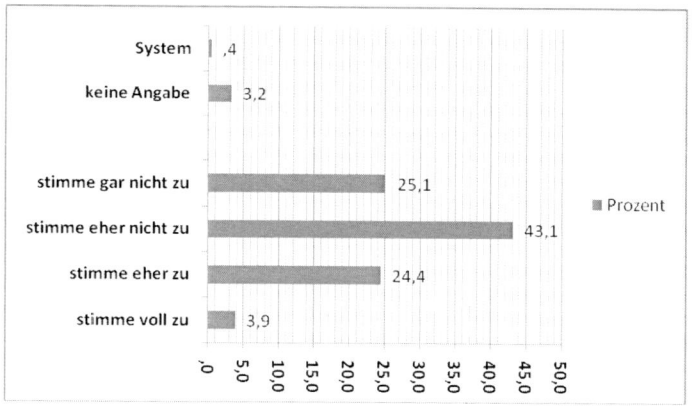

5.9. Dialog im Verein

Die letzte Frage in diesem Abschnitt richtete sich danach, ob es möglich ist einen offenen Dialog im Sportverein zu führen. Dahinter verbirgt sich, ob Themen insgesamt offen angesprochen werden dürfen oder ob es einen offenen Diskurs innerhalb des Sportvereins gibt. 54,4 % der Sportvereine stimmten dieser Aussage eher zu beziehungsweise voll zu, das heißt ein offener Dialog wird im Sportverein geführt. Die andere knappe Hälfte gibt an, dieser Aussage eher nicht zuzustimmen beziehungsweise gar nicht zuzustimmen. Das bedeutet, dass ein offener Diskurs und ein offener Dialog in diesen Vereinen eher nicht geführt werden. Die Thematik stand dabei nicht im Vordergrund, sondern das allgemeine Gesprächsklima.

Tabelle 12: In unserem Verein wird ein offener Dialog geführt.

		Häufigkeit	Prozent	Gültige Prozente	Kumulierte Prozente
Gültig	stimme voll zu	35	12,4	12,9	12,9
	stimme eher zu	113	39,9	41,5	54,4
	stimme eher nicht zu	84	29,7	30,9	85,3
	stimme gar nicht zu	40	14,1	14,7	100,0
	Gesamt	272	96,1	100,0	
Fehlend	keine Angabe	11	3,9		
Gesamt		283	100,0		

Abbildung 11: In unserem Verein wird ein offener Dialog geführt.

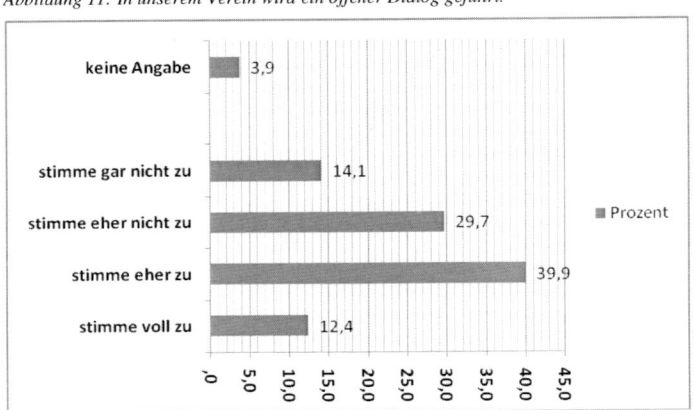

5.10. Initiativen oder Projekte im Sportverein

Frage 5 war eine Angabe auf freiwilliger Basis dahingehend, ob bereits ein entsprechendes Projekt im Sportverein existiert. 253 Vereine machten hierzu keine Aussage. 26 Sportvereine sagten, dass es kein Projekt bei ihnen gibt und 4 Vereine gaben an, ein solches Projekt im Sportverein zu begleiten.

Tabelle 13: Gibt es bereits ein entsprechendes Projekt bei Ihnen?

		Häufigkeit	Prozent	Gültige Prozente	Kumulierte Prozente
Gültig	ja	4	1,4	13,3	13,3
	nein	26	9,2	86,7	100,0
	Gesamt	30	10,6	100,0	
Fehlend	keine Angabe	253	89,4		
Gesamt		283	100,0		

5.11. Gefährdung bestimmter Sportarten

Frage 6 des standardisierten Bogens: Hier sollte erfasst werden, welche Sportarten denn aus subjektiver Sicht in der Einschätzung des Befragten selbst besonders gefährdet seien, um Rechtsextremismus zu begünstigen beziehungsweise durch Rechtsextremismus beeinflusst zu werden. Die Antwortmöglichkeiten waren nicht zum Ankreuzen vorgegeben. Man musste die Sportart in offener Form angeben. Mehrere Antworten waren möglich. Häufig wurden, hier Mannschaftssportarten angegeben, allen voran der Fußball. Die Nennung des Fußballs ist mit großem Abstand zu allen anderen Sportarten die am häufigsten genannte Sportart für dieses Themenfeld. Aber auch Sportarten, wie American Football, Kampfsport, Handball oder das Sportschießen wurden relativ häufig erwähnt.

Tabelle 14: Aus ihrer Sicht sind folgende Sportarten besonders gefährdet.

		Häufigkeit	Prozent	Gültige Prozente	Kumulierte Prozente
Gültig	Fußball	100	35,3	84,7	84,7
	American Football	8	2,8	6,8	91,5
	Kampfsport	10	3,5	8,5	100,0
	Gesamt	118	41,7	100,0	
Fehlend	0	164	58,0		
	System	1	,4		
	Gesamt	165	58,3		
Gesamt		**283**	**100,0**		

Tabelle 15: Aus ihrer Sicht sind folgende weitere Sportarten besonders gefährdet.

		Häufigkeit	Prozent	Gültige Prozente	Kumulierte Prozente
Gültig	American Football	6	2,1	37,5	37,5
	Kampfsport	5	1,8	31,3	68,8
	Eishockey	1	,4	6,3	75,0
	Handball	3	1,1	18,8	93,8
	Schießen	1	,4	6,3	100,0
	Gesamt	16	5,7	100,0	
Fehlend	0	1	,4		
	System	266	94,0		
	Gesamt	267	94,3		
Gesamt		**283**	**100,0**		

6. Themenkomplex III – Fragen zu möglichen Vorfällen mit rechtextremem Hintergrund im Sport

Bei Frage 7 im standardisierten Fragebogen ging es nun konkret darum, ob der Befragte in seinem eigenen Sportverein beziehungsweise in seinem eigenen sportlichen Umfeld bereits

Kenntnis von Vorfällen mit organisiertem rechtsextremem Hintergrund erkannt hat und wenn ja, wie er mit diesen Vorfällen, beziehungsweise wie das sportliche Umfeld mit diesen Vorgängen umgegangen ist, und wie viele Vorfälle bekannt sind, in Verbindung mit der Angabe um welchen Sachverhalt es sich dabei handelt. Dafür wurde in dieser Frage ein Raster vorgegeben, das sich an empirischen Erkenntnissen verschiedener Kollegen aus dem Themenfeld orientierte. Mehrfachantworten waren möglich. Folgende Antwortmöglichkeiten waren vorgegeben:

a) Anmietung des Vereinshauses oder der Vereinsanlage,

b) öffentlichkeitswirksame Nutzung einer Sportveranstaltung,

b) Durchführung einer Sportveranstaltung durch eine rechtsextreme Organisation,

d) Versuch der gezielten Einflussnahme auf den Verein,

e) Mitgliedschaft von Rechtsextremen in Sportvereinen,

f) versuchtes Sponsoring durch rechtsextreme Personen oder Organisationen,

g) rechtsextreme Spielbesuche im Stadion oder der Sporthalle,

h) Teilnahme an der rechtsextremen Organisation/Gruppe an Sportveranstaltungen,

i) rassistische beziehungsweise diskriminierende Äußerungen im Sportumfeld,

j) Übernahme oder Neugründung von Vereinen durch rechtsextreme Personen.

15 der befragten Sportvereine gaben an, dass es bereits Vorfälle mit rechtsextremem Hintergrund in ihrem sportlichen Umfeld gegeben hat. 263 Sportvereine, die befragt wurden, verneinten dies. Fünf machten hierzu keine Angabe. Das heißt in lediglich 5,3 % der Sportvereine im Land Brandenburg wurden rechtsextreme Handlungen im sportlichen Umfeld durch den Sportverein erkannt. Diese 15 befragten Vereine antworteten auch darauf, wie viele Vorfälle es gab. In den meisten Fällen war es lediglich ein Vorkommnis, das registriert wurde. Bei neun Vereinen waren es drei Ereignisse, bei zwei der befragten Vereine waren es fünf. Sieben gaben an, nur einen Vorfall bemerkt zu haben und ein befragter Sportverein erkannte sogar sechs Vorfälle in seinem sportlichen Umfeld.

Tabelle 16: Gab es nach Ihrem Kenntnisstand Vorfälle mit organisiertem rechtsextremem Hintergrund in Ihrem sportlichen Umfeld?

		Häufigkeit	Prozent	Gültige Prozente	Kumulierte Prozente
Gültig	ja	15	5,3	5,4	5,4
	nein	263	92,9	94,6	100,0
	Gesamt	278	98,2	100,0	
Fehlend	keine Angabe	5	1,8		
Gesamt		**283**	**100,0**		

Tabelle 17: Wie viele Vorfälle gab es?

		Häufigkeit	Prozent	Gültige Prozente	Kumulierte Prozente
Gültig	1	6	2,1	40,0	40,0
	2	5	1,8	33,3	73,3
	7	1	,4	6,7	80,0
	9	3	1,1	20,0	100,0
	Gesamt	15	5,3	100,0	
Fehlend	System	268	94,7		
Gesamt		**283**	**100,0**		

Bei der Klassifizierung, was denn genau geschehen sei, gab der überwiegende Teil der hier Befragten und die Angaben dazu machten an, dass es sich um rassistische beziehungsweise diskriminierende Äußerungen im Sportumfeld handelte. Bei zwei der Befragten waren rechtsextreme Spielbesucher im Stadion oder der Sportstätte zugegen beziehungsweise bei ebenfalls zwei Vereinen wusste man von einer Mitgliedschaft von Rechtsextremen im Sportverein selbst. Lediglich ein Vereinsvertreter registrierte die Durchführung einer Sportveranstaltung durch eine rechtsextreme Organisation selbst.

Tabelle 18: Erläuterung des Sachverhalts

		Häufigkeit	Prozent	Gültige Prozente	Kumulierte Prozente
Gültig	Durchführung einer Sportveranstaltung durch rechtsextreme O.	1	,4	10,0	10,0
	Mitgliedschaft von Rechtsextremen im Sportverein	2	,7	20,0	30,0
	rechtsextreme Spielbesucher im Stadion/Sporthalle	2	,7	20,0	50,0
	rassistische/diskriminierende Äußerungen im Sportumfeld	5	1,8	50,0	100,0
	Gesamt	10	3,5	100,0	
Fehlend	System	273	96,5		
Gesamt		**283**	**100,0**		

Tabelle 19: Was ist noch passiert?

		Häufigkeit	Prozent	Gültige Prozente	Kumulierte Prozente
Gültig	Mitgliedschaft von Rechtsextremen im Sportverein	1	,4	16,7	16,7
	rechtsextreme Spielbesucher im Stadion/Sporthalle	3	1,1	50,0	66,7
	rassistische/diskriminierende Äußerungen im Sportumfeld	2	,7	33,3	100,0
	Gesamt	6	2,1	100,0	
Fehlend	System	277	97,9		
Gesamt		283	100,0		

7. Themenkomplex IV – Zum Fortbildungsbedarf im Verein/bei Ihnen

In Frage Nr. 8 sollte herausgefunden werden, welche Fortbildungsbereiche der Sportverein für sich selbst sieht und welche er in Anspruch nehmen würde. Mehrfachantworten waren hier möglich. Überwiegend besteht Bedarf im Bereich „Kommunikation und Präsentation" beziehungsweise im Bereich „Projektmanagement" und „Projektfinanzierung". Einführungsseminare zum Thema Rechtsextremismus fragen nur knapp 11 % der Vereine nach. Ebenfalls sehr gefragt als Ausbildungsmodul ist das Thema „Konfliktmanagement" beziehungsweise „Evaluation". „Beratungs- und Evaluationsmethoden" werden fast gar nicht nachgefragt beziehungsweise bei nur knapp 2 % der befragten Sportvereine, die sich zum Thema äußerten. Diese Frage ergänzt zum einen die Angaben zum Sensibilisierungsgrad, gibt aber auch im Interesse des Landessportbund Brandenburg e.V. ein Bild zu möglichen neuen Ausbildungsmodulen wieder.

Tabelle 20: Fortbildungsbedarf

		Häufigkeit	Prozent	Gültige Prozente	Kumulierte Prozente
Gültig	Einführungsseminar Rechtsextremismus	31	11,0	26,3	26,3
	Projektmanagement/Projektfinanzierung	39	13,8	33,1	59,3
	Konfliktmanagement	26	9,2	22,0	81,4
	Kommunikation/Präsentation	16	5,7	13,6	94,9
	Beratungsmethoden und Evaluation	2	,7	1,7	96,6
	andere	4	1,4	3,4	100,0
	Gesamt	118	41,7	100,0	
Fehlend	keine Angabe	132	46,6		
	System	33	11,7		
	Gesamt	165	58,3		
Gesamt		283	100,0		

8. Themenkomplex V – Fragen zur Statistik

8.1. In welchem Landkreis oder in welcher kreisfreien Stadt leben Sie?

Bei dieser Frage wird deutlich, dass es Rückläufer aus allen kreisfreien Städten und Landkreisen des Landes Brandenburg gegeben hat. Ein besonderer Spitzenreiter kristallisierte sich nicht heraus. Die meisten Rückläufer, es waren 21, kamen aus dem Landkreis Potsdam-Mittelmark. Die wenigsten Fragebögen wurden aus der Stadt Frankfurt/Oder zurückgeschickt. Hier waren es lediglich drei.

Tabelle 21: In welchem Landkreis oder in welcher kreisfreien Stadt leben sie.

		Häufigkeit	Prozent	Gültige Prozente	Kumulierte Prozente
Gültig	Potsdam	13	4,6	4,8	4,8
	Cottbus	14	4,9	5,2	10,0
	Frankfurt/Oder	3	1,1	1,1	11,1
	Brandenburg an der Havel	17	6,0	6,3	17,4
	Uckermark	16	5,7	5,9	23,3
	Prignitz	16	5,7	5,9	29,3
	Ostprignitz-Ruppin	15	5,3	5,6	34,8
	Oberhavel	15	5,3	5,6	40,4
	Barnim	14	4,9	5,2	45,6
	Havelland	18	6,4	6,7	52,2
	Märkisch-Oderland	14	4,9	5,2	57,4
	Potsdam-Mittelmark	21	7,4	7,8	65,2
	Teltow-Fläming	19	6,7	7,0	72,2
	Dahme-Spreewald	18	6,4	6,7	78,9
	Oder-Spree	11	3,9	4,1	83,0
	Elbe-Elster	9	3,2	3,3	86,3
	Oberspreewald-Lausitz	17	6,0	6,3	92,6
	Spree-Neiße	20	7,1	7,4	100,0
	Gesamt	270	95,4	100,0	
Fehlend	keine Angabe	10	3,5		
	System	3	1,1		
	Gesamt	13	4,6		
Gesamt		283	100,0		

Abbildung 12: In welchem Landkreis oder in welcher kreisfreien Stadt leben sie.

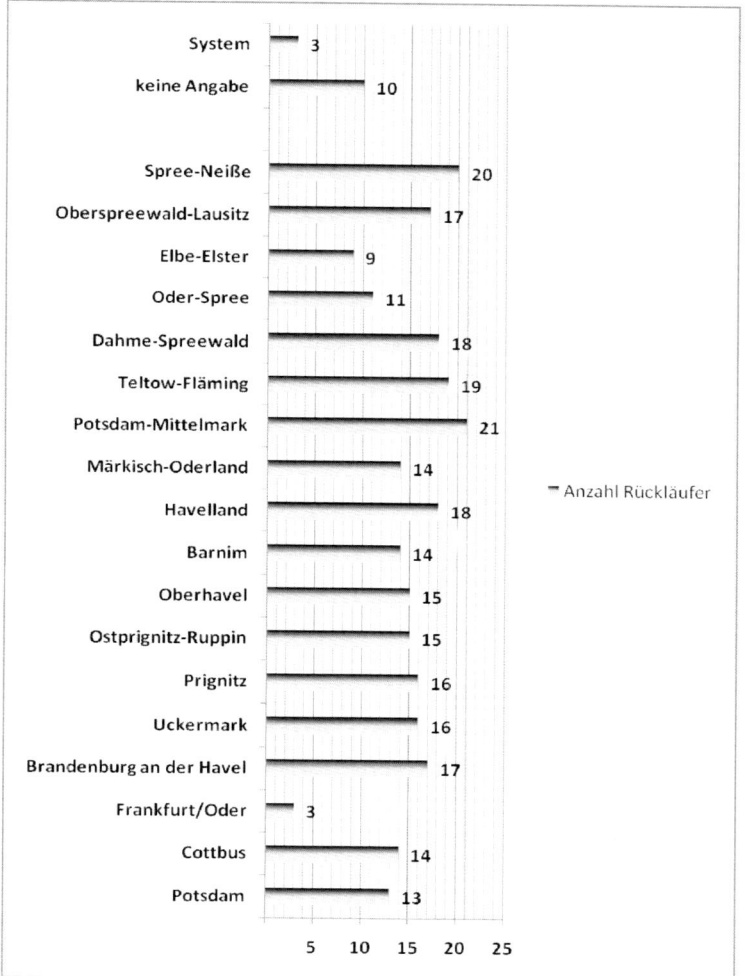

8.2. Gehört der Ort zum äußeren Entwicklungsraum oder zum engeren Verflechtungsraum?

Hierbei galt es herauszufinden, ob der Ort, in dem dieser Sportverein ansässig ist, eher im berlinnahen Raum oder im äußeren Raum des Landes Brandenburg situiert ist. 68,6 % der befragten Vereine befinden sich im äußeren Entwicklungsraum. Knapp 25 % im engeren Verflechtungsraum um Berlin.

8.3. Wie viele Einwohner hat der Ort, in dem sie leben?

Tabelle 22: Wie viele Einwohner hat der Ort in dem Sie leben?

		Häufigkeit	Prozent	Gültige Prozente	Kumulierte Prozente
Gültig	unter 2000	74	26,1	26,7	26,7
	2000-5000	33	11,7	11,9	38,6
	5000-20000	83	29,3	30,0	68,6
	20000-100000	71	25,1	25,6	94,2
	über 100000	16	5,7	5,8	100,0
	Gesamt	277	97,9	100,0	
Fehlend	keine Angabe	6	2,1		
Gesamt		283	100,0		

8.4. Welchen beruflichen Status haben Sie derzeit?

Die überwiegende Zahl der Befragten waren Angestellte. Viele Rentner befinden sich ebenfalls unter den Antwortenden. Auch die Gruppe der Selbständigen ist häufig in der Statistik vertreten.

Tabelle 23: Welchen beruflichen Status haben sie.

		Häufigkeit	Prozent	Gültige Prozente	Kumulierte Prozente
Gültig	Arbeit suchend	10	3,5	3,6	3,6
	Schüler	2	,7	,7	4,3
	Auszubildender	6	2,1	2,2	6,5
	Student	6	2,1	2,2	8,6
	Angestellter	143	50,5	51,4	60,1
	Beamter	19	6,7	6,8	66,9
	Selbstständiger	35	12,4	12,6	79,5
	Teilnehmer an einer Fördermaßnahme	3	1,1	1,1	80,6
	Rentner	54	19,1	19,4	100,0
	Gesamt	278	98,2	100,0	
Fehlend	keine Angabe	4	1,4		
	System	1	,4		
	Gesamt	5	1,8		
Gesamt		283	100,0		

8.5. Funktion im Verein

In der nächsten freiwilligen Frage sollte angegeben werden, welche Funktion der Antwortende im Sportverein besitzt. Die überwiegende Zahl der Antwortenden sind entweder Vorsitzende, Geschäftsführer oder Kassenwarte. Dieses Bild ist nicht verwunderlich, da der standardisierte Fragebogen Bestandteil der Aussendung zu den Bestandserhebungsbögen gewesen ist, welcher in aller Regel an die Geschäftsadresse, sprich an den Vorsitzenden oder den Geschäftsführer des Sportvereines geht.

8.6. Geschlecht und Alter

Die überwiegende Zahl, nämlich 65 % der hier antwortenden Befragten, war männlich. Nur 30 % der Befragten waren Frauen. Den größten Anteil der Antwortenden stellten die Gruppen der 36 bis 50 beziehungsweise 51 bis 65-jährigen. Auch der Teil der über 65jährigen ist mit 14,5 % relativ hoch. Der Anteil der unter 18-jährigen beziehungsweise der 18 bis 25-jährigen ist mit 4,6 % relativ gering.

Tabelle 24: Geschlecht des Befragten.

		Häufigkeit	Prozent	Gültige Prozente	Kumulierte Prozente
Gültig	männlich	184	65,0	67,9	67,9
	weiblich	87	30,7	32,1	100,0
	Gesamt	271	95,8	100,0	
Fehlend	keine Angabe	11	3,9		
	System	1	,4		
	Gesamt	12	4,2		
Gesamt		283	100,0		

Tabelle 25: Alter der Befragten zum Befragungszeitpunkt

		Häufigkeit	Prozent	Gültige Prozente	Kumulierte Prozente
Gültig	unter 18	3	1,1	1,1	1,1
	18-25	10	3,5	3,6	4,7
	26-35	32	11,3	11,7	16,4
	36-50	98	34,6	35,8	52,2
	51-65	90	31,8	32,8	85,0
	über 65	41	14,5	15,0	100,0
	Gesamt	274	96,8	100,0	
Fehlend	keine Angabe	9	3,2		
Gesamt		283	100,0		

8.7. Bildungsgrad

Bei der Frage zum höchsten Berufs- oder Bildungsabschluss kristallisiert sich heraus, dass die meisten Antwortenden Akademiker sind beziehungsweise an einer Hoch- oder Fachhochschule studiert haben.

Tabelle 26: Der höchste Berufs- oder Bildungsabschluss.

		Häufigkeit	Prozent	Gültige Prozente	Kumulierte Prozente
Gültig	8. Klasse	3	1,1	1,1	1,1
	10. Klasse	28	9,9	10,2	11,3
	Abitur	35	12,4	12,8	24,1
	Facharbeiter	39	13,8	14,2	38,3
	Fachhochschule	76	26,9	27,7	66,1
	Hochschule	84	29,7	30,7	96,7
	anderer	9	3,2	3,3	100,0
	Gesamt	274	96,8	100,0	
Fehlend	keine Angabe	9	3,2		
Gesamt		**283**	**100,0**		

9. Kommentare zu den Fragebögen

Im Anhang zum Fragebogen bestand nun die Möglichkeit, sich als Experte für ein so genanntes Experteninterview zur Verfügung zu stellen. Immerhin neun der Befragten, das entspricht 3,2 %, gaben an, sich als Experte zur Verfügung stellen zu wollen, vergaßen allerdings in acht Fällen, ihre Anschrift und ihren Namen zu hinterlassen. Der überwiegende Teil der Befragten machte auf dieser Seite keine Angaben mehr. Allerdings baten immerhin acht Personen um die Zusendung von weiteren Ausschreibungen und Informationsmaterialien zum Thema Rechtsextremismus im Sport. Im folgenden Abschnitt war es nun möglich, Kommentare, Anregungen und Wünsche beziehungsweise Erfahrungen offen auf den Fragebogen zu schreiben. Die Übersicht der Statements ist im nachfolgenden Katalog zu finden:

9.1. Katalog der Kommentare auf den Fragebögen

- *„Verein hat keine Probleme – würde sensibel reagieren."*

- *„Da es sich um ein gesamtgesellschaftliches Problem handelt, ist die Beschränkung nur auf den sportlichen Bereich nicht sinnvoll. Vor allem eine inhaltliche Auseinandersetzung findet nicht statt."*

- *„Extremismus ist immer schlecht. Ich bin überrascht, dass hier nur Rechtsextremismus gesprochen wird. Wie steht der LSB zu Linksextremen? Bitte stellt euch mal diese Frage selber. Die meisten bekannten Gewaltszenen im Fußballstadion gehen von Linken aus. Dies wäre für die Vereine gewiss wichtiger. Bei uns spielt es so oder so zum Glück noch keine Rolle."*

- *„Betrifft unseren Verband (noch) nicht."*

- *„grundsätzlich kann jede Sportart betroffen sein. Hängt immer an den handelnden Personen – Fußball hat vielleicht oberflächlich betrachtet den meisten Zulauf. (Zuschauer) Das kann bei den Bergsteigern genauso passieren. Beispiele dafür gibt es.*

- *„Unser Karateverein wird von einem US-Bürger griechischer Abstammung geleitet. Unser Verein ist international eng angebunden. Sind deswegen vielleicht unattraktiv für rechtsextreme Personen. Können in unserem Umfeld keinen Rechtsextremismus feststellen und hoffen natürlich, dass wir uns diesbezüglich nicht täuschen."*

- *„Rechtsextremismus sollte härter bestraft werden. Veröffentlichungen wirken meiner Meinung nach förderlich für das Ansinnen der NAZIS. Vorfälle sollten nicht so öffentlich diskutiert werden, dafür resoluter bestraft."*

- *„In unseren Übungsgruppen sind neben Alltagsproblemen auch politische Meinungsäußerungen in der Diskussion. Nach meinem Wissen gibt es eine kleine Anzahl politisch Aktiver in unseren Reihen, die aber gegen rechtsextreme Tendenzen auftreten. Trotz vorhandenen Interesses am Thema, sehe ich für unseren Verein keinen Handlungsbedarf. Ich hoffe Ihre Arbeit unterstützt zu haben."*

- *„Einige Fragen konnten, da unzutreffend, nicht beantwortet werden. Es sollte jedoch bemerkt werden, dass für die Mitgliedschaft in einer Schützengilde besondere, durch das Waffengesetz der Bundesrepublik Deutschland vorgesehene Bedingungen, erfüllt sein müssen. Nach Prüfung der Voraussetzungen muss manchem Antragsteller die Mitgliedschaft in der Schützengilde und die Verfügungsgewalt über Waffen entsagt werden."*

- *„Diese Probleme haben wir nicht."*

- *„Laut Satzung §1(4) ... wahrt der Verein parteipolitische Neutralität. ... gleiche Rechte, ... vertritt den Grundsatz weltanschaulicher und religiöser Toleranz. Mitglied im Verein sind auch Spätaussiedler (deutsch- Russe) und Polen – Sie fühlen sich hier wohl, auch wir profitieren von ihnen."*

- o „Zurzeit sind keine rechtsextremen Tendenzen im Verein erkennbar. Es gibt bei uns auch Mitglieder mit Migrationshintergrund. Sollten solche Erscheinungen auftreten, besteht von Berlin aus die Möglichkeit z.b. sich in Projektgruppen bei der Polizei einzubringen. "

- o „Alle Sportarten sind gefährdet"

- o „Was ist Demokratie?" „ Man sollte nicht mit Fragebögen die Basis befragen, sondern vor Ort an der Basis die Umstände und die Personen der Befragung einbeziehen! Mit Fragebögen hat man noch nie ein Problem gelöst. "

- o „kein Bedarf. "

- o „In unserem Verein sind nur weibliche Sportler integriert. Alle trainieren freundschaftlich miteinander, wir haben auch Sportfreundinnen aus Polen, Russland und Fernost als Mitglieder. Es gibt keinerlei Aktivitäten bezüglich Rechtsradikalismus. "

- o Wir haben keine Probleme mit diesem Thema. Wir haben wenig Jugendliche im Verein. "

- o „Das Hauptproblem im Verein ist, Mitglieder für ein Ehrenamt zu gewinnen. "

- o „Ich finde es sehr gut, dass der Landessportbund u. seine Partner sich mit dem Thema Rechtsextremismus befassen und dagegen etwas unternehmen. In unserem Verein gibt es glücklicherweise keine Rechtsextremen Tendenzen. So hatten und haben wir nicht-deutschstämmige Mitglieder, die gut im Verein integriert wurden. "

- o „ Ergebnisse zur Befragung der Sportvereine veröffentlichen. "

10. Korrelationen, Mittelwerte und Kreuztabellen

Im Zusammenhang mit der Auswertung der Häufigkeiten ist es selbstverständlich ebenfalls interessant, die einzelnen Items in Relation zueinander zu setzen. Hierzu werden die Ausprägungen aus dem ersten Komplex mit denen aus dem zweiten Teil der Fragen zum Sensibilisierungsgrad innerhalb des Sportvereins zusammengeführt. Dies verdeutlicht eine Tendenz des Sensibilisierungsgrades in Bezug zur Größe des Vereins. Das Korrelationsverhältnis wird mit dem Koeffizienten „Eta", der den Zusammenhang zwischen einer quantitativen und einer qualitativen Variable verdeutlicht. Für die Erfassung des Sensibilisierungsgrades wurde Frage 4 zusammengefasst und der Wert für „Wichtigkeit des Themas im Verein" umgekehrt, um eine sinnvolle Reliabilitätsanalyse durchführen zu können. Die Kreuztabellen sind jeweilige Einzelbetrachtungen aus Fragekomplex Nummer 4 mit der Vereinsgröße und der Einwohnerzahl des Ortes, in dem der Verein ansässig ist.

Tabelle 27: Verarbeitete Fälle

	Fälle					
	Gültig		Fehlend		Gesamt	
	N	Prozent	N	Prozent	N	Prozent
Sensibilisierungsgrad	276	97,5%	7	2,5%	283	100,0%

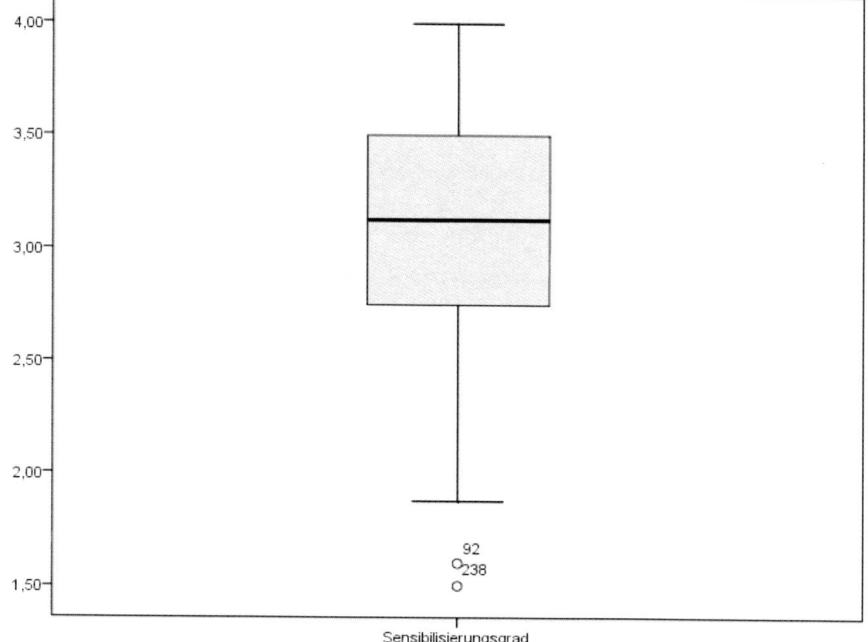

Hierbei wird deutlich, dass die einzelnen Faktoren den Sensibilisierungsgrad mitbestimmen. Wenig aufschlussreich ist das Gegenüberstellen des Sensibilisierungsgrades, also die Fragen aus Frage 7 in Bezug zum Geschlecht - denn die überwiegende Zahl der antwortenden Personen waren Männer. Deshalb wird auf diese Darstellung verzichtet.

Tabelle 28: Kreuztabelle Mitgliederzahl/Wichtigkeit im Verein.

			Mitgliederzahl								
			bis 25	26-50	51-100	101-200	201-300	301-500	301-600	über 600	Gesam
In unserem Verein sind andere Themen wichtiger	stimme voll zu	Anzahl	12	15	20	12	7	2	2	0	7(
		% innerhalb von Mitgliederzahl	31,6%	33,3%	29,4%	21,4%	25,9%	11,8%	28,6%	,0%	26,6%
	stimme eher zu	Anzahl	17	17	38	28	8	7	4	5	12
		% innerhalb von Mitgliederzahl	44,7%	37,8%	55,9%	50,0%	29,6%	41,2%	57,1%	100,0%	47,1%
	stimme eher nicht zu	Anzahl	5	8	5	14	7	5	1	0	4
		% innerhalb von Mitgliederzahl	13,2%	17,8%	7,4%	25,0%	25,9%	29,4%	14,3%	,0%	17,1%
	stimme gar nicht zu	Anzahl	4	5	5	2	5	3	0	0	2
		% innerhalb von Mitgliederzahl	10,5%	11,1%	7,4%	3,6%	18,5%	17,6%	,0%	,0%	9,1%
Gesamt		Anzahl	38	45	68	56	27	17	7	5	26
		% innerhalb von Mitgliederzahl	100,0%	100,0%	100,0%	100,0%	100,0%	100,0%	100,0%	100,0%	100,0%

Anhand dieser Darstellung wird deutlich, dass insgesamt andere Themen im Verein im Vordergrund stehen. Es besteht kein Zusammenhang zwischen Vereinsgröße und der Variable „Wichtigkeit".

Tabelle 29: Kreuztabelle Mitgliederzahl/Beobachtung rechtsextremer Verhaltensweisen im Verein.

			Mitgliederzahl								
			bis 25	26-50	51-100	101-200	201-300	301-500	301-600	über 600	Gesam
In unserem Verein beobachten wir rechtsextreme Verhaltensweisen bzw. rassistische/ diskriminierende Äußerungen	stimme voll zu	Anzahl	2	2	2	4	3	5	0	0	1
		% innerhalb von Mitgliederzahl	4,8%	4,3%	2,9%	7,3%	11,1%	27,8%	,0%	,0%	6,6%
	stimme eher zu	Anzahl	5	2	10	11	3	3	3	0	3
		% innerhalb von Mitgliederzahl	11,9%	4,3%	14,5%	20,0%	11,1%	16,7%	33,3%	,0%	13,7
	stimme eher nicht zu	Anzahl	6	6	17	11	7	5	1	2	5
		% innerhalb von Mitgliederzahl	14,3%	13,0%	24,6%	20,0%	25,9%	27,8%	11,1%	40,0%	20,3
	stimme gar nicht zu	Anzahl	29	36	40	29	14	5	5	3	16
		% innerhalb von Mitgliederzahl	69,0%	78,3%	58,0%	52,7%	51,9%	27,8%	55,6%	60,0%	59,4
Gesamt		Anzahl	42	46	69	55	27	18	9	5	27
		% innerhalb von Mitgliederzahl	100,0%	100,0%	100,0%	100,0%	100,0%	100,0%	100,0%	100,0%	100,0

In Tabelle 30 wird deutlich, dass auch das registrieren rechtsextremer Verhaltensweisen im

Verein offenbar nicht im Zusammenhang zur Vereinsgröße steht. Lediglich dass es in mittelgroßen Vereinen zwischen 301 und 500 Mitgliedern eher registriert wird kann als Aussage festgestellt werden.

Tabelle 30: Kreuztabelle Mitgliederzahl/Tabuisierung im Verein.

			Mitgliederzahl								
			bis 25	26-50	51-100	101-200	201-300	301-500	301-600	über 600	Gesamt
In unserem Verein sind politische Themen tabu	stimme voll zu	Anzahl	1	3	0	3	0	1	0	0	8
		% innerhalb von Mitgliederzahl	2,6%	6,7%	,0%	5,4%	,0%	5,9%	,0%	,0%	3,0%
	stimme eher zu	Anzahl	7	10	13	13	4	5	1	1	54
		% innerhalb von Mitgliederzahl	17,9%	22,2%	18,8%	23,2%	14,8%	29,4%	12,5%	20,0%	20,3%
	stimme eher nicht zu	Anzahl	18	20	37	33	15	8	5	1	137
		% innerhalb von Mitgliederzahl	46,2%	44,4%	53,6%	58,9%	55,6%	47,1%	62,5%	20,0%	51,5%
	stimme gar nicht zu	Anzahl	13	12	19	7	8	3	2	3	67
		% innerhalb von Mitgliederzahl	33,3%	26,7%	27,5%	12,5%	29,6%	17,6%	25,0%	60,0%	25,2%
Gesamt		Anzahl	39	45	69	56	27	17	8	5	266
		% innerhalb von Mitgliederzahl	100,0%	100,0%	100,0%	100,0%	100,0%	100,0%	100,0%	100,0%	100,0%

Politische Themen sind in kleinen und größeren Vereinen insgesamt nicht tabu. Das ist eine erfreuliche Erkenntnis, wenn man bedenkt, dass immer noch das Gebot der parteipolitischen Neutralität des Sportes mit der politischen Dimension der Sportstruktur verwechselt wird.

Tabelle 31: Kreuztabelle Mitgliederzahl/Projekte im Verein.

			Mitgliederzahl								
			bis 25	26-50	51-100	101-200	201-300	301-500	301-600	über 600	Gesam
In unserem Verein kennt man bereits Projekte/Initiativen zum Thema	stimme voll zu	Anzahl	2	1	2	3	3	3	0	1	1!
		% innerhalb von Mitgliederzahl	4,9%	2,2%	2,9%	5,4%	11,5%	16,7%	,0%	20,0%	5,6%
	stimme eher zu	Anzahl	7	12	13	21	12	8	4	2	7!
		% innerhalb von Mitgliederzahl	17,1%	26,7%	18,8%	37,5%	46,2%	44,4%	50,0%	40,0%	29,5%
	stimme eher nicht zu	Anzahl	13	16	27	15	6	6	2	1	8(
		% innerhalb von Mitgliederzahl	31,7%	35,6%	39,1%	26,8%	23,1%	33,3%	25,0%	20,0%	32,1%
	stimme gar nicht zu	Anzahl	19	16	27	17	5	1	2	1	8(
		% innerhalb von Mitgliederzahl	46,3%	35,6%	39,1%	30,4%	19,2%	5,6%	25,0%	20,0%	32,8%
Gesamt		Anzahl	41	45	69	56	26	18	8	5	26(
		% innerhalb von Mitgliederzahl	100,0%	100,0%	100,0%	100,0%	100,0%	100,0%	100,0%	100,0%	100,0%

Diese Tabelle 32 zeigt, dass in größeren Vereinen Projekte und Initiativen eher bekannt sind, als in kleinen Vereinen.

Tabelle 32: Kreuztabelle Mitgliederzahl/Interesse im Verein.

			Mitgliederzahl								
			bis 25	26-50	51-100	101-200	201-300	301-500	301-600	über 600	Gesamt
In unserem Verein besteht Interesse, sich an solchen Projekten zu beteiligen	stimme voll zu	Anzahl	3	0	3	2	0	3	0	0	11
		% innerhalb von Mitgliederzahl	7,1%	,0%	4,3%	3,7%	,0%	16,7%	,0%	,0%	4,1%
	stimme eher zu	Anzahl	6	6	16	17	9	7	3	3	67
		% innerhalb von Mitgliederzahl	14,3%	13,3%	23,2%	31,5%	33,3%	38,9%	37,5%	60,0%	25,0%
	stimme eher nicht zu	Anzahl	17	20	32	26	13	7	4	2	121
		% innerhalb von Mitgliederzahl	40,5%	44,4%	46,4%	48,1%	48,1%	38,9%	50,0%	40,0%	45,1%
	stimme gar nicht zu	Anzahl	16	19	18	9	5	1	1	0	69
		% innerhalb von Mitgliederzahl	38,1%	42,2%	26,1%	16,7%	18,5%	5,6%	12,5%	,0%	25,7%
Gesamt		Anzahl	42	45	69	54	27	18	8	5	268
		% innerhalb von Mitgliederzahl	100,0%	100,0%	100,0%	100,0%	100,0%	100,0%	100,0%	100,0%	100,0%

Es besteht insgesamt relativ wenig Interesse, sich an Projekten zum Thema „Rechtsextremismus im Sport" zu beteiligen. Eine Abhängigkeit zur Vereinsgröße kann nicht erkannt werden.

Tabelle 33: Kreuztabelle Mitgliederzahl/Dialog im Verein.

			Mitgliederzahl								
			bis 25	26-50	51-100	101-200	201-300	301-500	301-600	über 600	Gesamt
In unserem Verein wird ein offener Dialog geführt	stimme voll zu	Anzahl	5	5	7	7	5	4	2	0	35
		% innerhalb von Mitgliederzahl	12,2%	10,9%	10,1%	13,0%	18,5%	23,5%	25,0%	,0%	13,1%
	stimme eher zu	Anzahl	11	19	27	28	11	8	3	3	110
		% innerhalb von Mitgliederzahl	26,8%	41,3%	39,1%	51,9%	40,7%	47,1%	37,5%	60,0%	41,2%
	stimme eher nicht zu	Anzahl	17	16	22	12	7	4	3	2	83
		% innerhalb von Mitgliederzahl	41,5%	34,8%	31,9%	22,2%	25,9%	23,5%	37,5%	40,0%	31,1%
	stimme gar nicht zu	Anzahl	8	6	13	7	4	1	0	0	39
		% innerhalb von Mitgliederzahl	19,5%	13,0%	18,8%	13,0%	14,8%	5,9%	,0%	,0%	14,6%
Gesamt		Anzahl	41	46	69	54	27	17	8	5	267
		% innerhalb von Mitgliederzahl	100,0%	100,0%	100,0%	100,0%	100,0%	100,0%	100,0%	100,0%	100,0%

In den Vereinen wird gleichermaßen ein offener Dialog geführt. Dieser Dialog ist themenunabhängig. Lediglich bei Vereinen unter 50 Mitgliedern scheint eine Tendenz in entgegengesetzter Richtung zu existieren. Hier wird der offene Dialog eher weniger geführt.

Tabelle 34: Kreuztabelle Mitgliederzahl/Vorfälle im Verein.

			Mitgliederzahl								
			bis 25	26-50	51-100	101-200	201-300	301-500	301-600	über 600	Gesamt
Gab es nach Ihrem Kenntnisstand Vorfälle mit organisiertem rechtsextremem Hintergrund in Ihrem sportlichen Umfeld?	ja	Anzahl	1	0	4	6	2	0	0	0	13
		% innerhalb von Mitgliederzahl	2,4%	,0%	5,9%	10,5%	7,4%	,0%	,0%	,0%	4,8%
	nein	Anzahl	41	47	64	51	25	18	8	5	259
		% innerhalb von Mitgliederzahl	97,6%	100,0%	94,1%	89,5%	92,6%	100,0%	100,0%	100,0%	95,2%
Gesamt		Anzahl	42	47	68	57	27	18	8	5	272
		% innerhalb von Mitgliederzahl	100,0%	100,0%	100,0%	100,0%	100,0%	100,0%	100,0%	100,0%	100,0%

Die meisten Vorfälle wurden in Vereinen zwischen 101 und 200 Mitgliedern registriert. Dieser Zusammenhang erscheint aufgrund der Fallzahl eher zufällig aufzutreten.

Interessant war zudem die Frage, ob es lokale Unterschiede beim Sensibilisierungsgrad gibt. Aus diesem Grunde wurde abgefragt, aus welchem Landkreis der Befragte kommt und ob er sich im äußeren Verflechtungsraum oder im inneren Entwicklungsraum befindet. Wie bereits erwähnt, bleibt festzuhalten, dass alle Regionen des Landes Brandenburg in der Auswertung der Erhebung vertreten sind. Hierzu ist es interessant, sich die Mittelwerte zur Sensibilität genauer anzuschauen. Die folgenden Tabellen illustrieren eine separate Auswertung extra für den Bereich Sensibilität in Verbindung mit den anderen interessanten Items zur Thematik. Eigens dafür wurde die „Fragebatterie" aus der 4. Frage zu einer Variablen zusammengefasst, um Mittelwerte zu bilden. Dabei ist zu erkennen, dass im Bereich der deskriptiven Statistik ein hoher Wert laut Codierung bedeutet, dass es keine Zustimmung gibt. Weiterhin ist offensichtlich, dass es anhand der Mittelwerte hinsichtlich des Landkreises oder der Stadt und in Verbindung zum Sensibilisierungsgrad kaum Unterschiede zueinander gibt. Die Mittelwerte im Bereich der Fachverbände beziehungsweise Kreis- und Stadtsportbünde sind hierbei statistisch nicht aussagekräftig. Zudem wird anhand der Tabellenlage deutlich, dass man offensichtlich in mittelgroßen Vereinen, also zwischen 100 und 500 Mitgliedern, sensibler dem Thema Rechtsextremismus gegenübersteht als in anderen Vereinen. Interessant ist dabei, dass Fußballvereine als insgesamt sensibler für das Thema Rechtsextremismus einzuschätzen sind. Die weiteren Items sind für eine statistische Aussage zu schwach besetzt beziehungsweise in der Form nicht aussagekräftig.

Tabelle 35: Mittelwerte Sensibilisierungsgrad/Mitgliederzahl

Mitgliederzahl	Mittelwert	N (Fälle)	Standardabweichung
bis 25	3,2789	42	,44387
26-50	3,2736	46	,44020
51-100	3,1558	69	,49927
101-200	2,8839	56	,51313
201-300	2,9059	27	,42752
301-500	2,5417	18	,57317
501-600	3,0670	8	,37479
über 600	3,0250	5	,29843
Insgesamt	**3,0680**	**271**	**,51587**

Tabelle 36 zeigt relativ ausgeglichene Mittelwerte für Sensibilität in Bezug zur Vereinsgröße. Insgesamt sind mittelgroße Vereine „sensibler".

Tabelle 37: Korrelationsverhältnis Eta[5] Sensibilisierungsgrad, Mitgliederzahl

	Eta	Eta-Quadrat
Sensibilisierungsgrad * Mitgliederzahl	0,408	0,166

Es besteht demnach nur ein geringer Zusammenhang zwischen der Vereinsgröße und dem Sensibilisierungsgrad (nur 16%).

Ableiten lässt sich aus den folgenden Darstellungen, dass es hinsichtlich der lokalen Einordnung des Befragten keine Unterschiede im Sensibilisierungsgrad innerhalb des Sportvereins gibt, denn die Ausprägungen innerhalb der Sensibilisierungsanalyse sind in etwa gleich. Das verdeutlichen die Mittelwerte in der folgenden Tabelle:

Tabelle 38: Mittelwerte Sensibilisierungsgrad/Landkreis, Stadt

In welchem Landkreis oder in welcher kreisfreien Stadt leben Sie?	Mittelwert	(Fälle) N	Standardabweichung
Potsdam	3,1442	13	,48639
Cottbus	3,0714	14	,44859
Frankfurt/Oder	2,8333	3	,26021
Brandenburg an der Havel	3,0085	16	,58809
Uckermark	3,0693	16	,42603
Prignitz	3,3227	14	,36526
Ostprignitz-Ruppin	3,0250	15	,77805
Oberhavel	2,9417	15	,61213
Barnim	3,1085	13	,39038
Havelland	3,1528	18	,51904
Märkisch-Oderland	2,9341	13	,59478
Potsdam-Mittelmark	3,2024	21	,43025
Teltow-Fläming	3,0207	19	,63499
Dahme-Spreewald	2,9722	18	,43419
Oder-Spree	2,9042	11	,43200
Elbe-Elster	3,2679	9	,37733
Oberspreewald-Lausitz	2,9963	16	,51880
Spree-Neiße	3,1232	20	,56284
Insgesamt	**3,0714**	**264**	**,51618**

---

[5] *Eta wird in Fällen verwendet, in denen die unabhängige Variable nominalskaliert ist, die Abhängige aber (mindestens) Intervallskalenniveau hat. Ein naheliegendes Beispiel wäre die Körpergröße (Ratioskala) in Abhängigkeit vom Geschlecht (Nominalskala, z.B. 1 = männlich, 2 = weiblich). Eta vergleicht die Mittelwerte der abhängigen Variablen je nach Ausprägung der unabhängigen Variablen (also hier: mittlere Sensibilität und Mitgliederzahl). Die Werte von Eta liegen zwischen 0 und 1. Eta^2 gibt an, wie viel Varianz bei der abhängigen Variable durch die unabhängige Variable erklärt wird (z.B. Eta = 0,54; Eta^2 = 0,29 bedeutet, dass 29 Prozent der Varianz durch die unabhängige Variable erklärt werden)*

Tabelle 39: Korrelationskoeffizient Eta Sensibilisierungsgrad/Landkreis, Stadt

	Eta	Eta-Quadrat
Sensibilisierungsgrad * In welchem Landkreis oder in welcher kreisfreien Stadt leben Sie?	0,215	0,046

Tabelle 40: Kreuztabelle Sensibilisierung/Einwohnerzahl

			Wie viele Einwohner hat der Ort, in dem Sie leben?					
			unter 2000	2000-5000	5000-20000	20000-100000	über 100000	Gesamt
In unserem Verein spielt das Thema Rechtsextremismus eine Rolle	stimme voll zu	Anzahl	4	3		7		14
		% von Wie viele Einwohner hat der Ort, in dem Sie leben?	5,4%	9,1%	,0%	9,9%	,0%	5,1%
	stimme eher zu	Anzahl	8		3	6	1	18
		% von Wie viele Einwohner hat der Ort, in dem Sie leben?	10,8%	,0%	3,7%	8,5%	6,3%	6,5%
	stimme eher nicht zu	Anzahl	24	11	25	25	3	88
		% von Wie viele Einwohner hat der Ort, in dem Sie leben?	32,4%	33,3%	30,9%	35,2%	18,8%	32,0%
	stimme gar nicht zu	Anzahl	38	19	53	33	12	155
		% von Wie viele Einwohner hat der Ort, in dem Sie leben?	51,4%	57,6%	65,4%	46,5%	75,0%	56,4%
Gesamt		Anzahl	74	33	81	71	16	275
		% von Wie viele Einwohner hat der Ort, in dem Sie leben?	100,0%	100,0%	100,0%	100,0%	100,0%	100,0%

Das Thema Rechtsextremismus spielt im Verein kaum eine Rolle, egal wie groß der Ort ist, in dem der Sportverein ansässig ist.

			Wie viele Einwohner hat der Ort, in dem Sie leben?					
			unter 2000	2000-5000	5000-20000	20000-100000	über 100000	Gesamt
In unserem Verein widmen wir uns gern Projekten zu diesem Inhalt	stimme voll zu	Anzahl	6	3	7	5	1	22
		% von Wie viele Einwohner hat der Ort, in dem Sie leben?	8,5%	9,4%	9,1%	7,4%	6,3%	8,3%
	stimme eher zu	Anzahl	9	3	12	18	4	46
		% von Wie viele Einwohner hat der Ort, in dem Sie leben?	12,7%	9,4%	15,6%	26,5%	25,0%	17,4%
	stimme eher nicht zu	Anzahl	33	16	25	20	4	98
		% von Wie viele Einwohner hat der Ort, in dem Sie leben?	46,5%	50,0%	32,5%	29,4%	25,0%	37,1%
	stimme gar nicht zu	Anzahl	23	10	33	25	7	98
		% von Wie viele Einwohner hat der Ort, in dem Sie leben?	32,4%	31,3%	42,9%	36,8%	43,8%	37,1%
	Gesamt	Anzahl	71	32	77	68	16	264
		% von Wie viele Einwohner hat der Ort, in dem Sie leben?	100,0%	100,0%	100,0%	100,0%	100,0%	100,0%

In größeren Orten würden sich tendenziell mehr Sportvereine an Projekten zu diesem Inhalt beteiligen als in kleineren Orten.

Erklärung

			unter 2000	2000-5000	5000-20000	20000-100000	über 100000	Gesamt
In unserem Verein werden die Mitglieder regelmäßig zur Thematik geschult	stimme voll zu	Anzahl	1		1			2
		% von Wie viele Einwohner hat der Ort, in dem Sie leben?	1,4%	,0%	1,2%	,0%	,0%	,7%
	stimme eher zu	Anzahl	4	2	1	5	1	13
		% von Wie viele Einwohner hat der Ort, in dem Sie leben?	5,6%	6,3%	1,2%	7,1%	6,3%	4,8%
	stimme eher nicht zu	Anzahl	23	10	25	22	3	83
		% von Wie viele Einwohner hat der Ort, in dem Sie leben?	31,9%	31,3%	30,9%	31,4%	18,8%	30,6%
	stimme gar nicht zu	Anzahl	44	20	54	43	12	173
		% von Wie viele Einwohner hat der Ort, in dem Sie leben?	61,1%	62,5%	66,7%	61,4%	75,0%	63,8%
Gesamt		Anzahl	72	32	81	70	16	271
		% von Wie viele Einwohner hat der Ort, in dem Sie leben?	100,0%	100,0%	100,0%	100,0%	100,0%	100,0%

Wie viele Einwohner hat der Ort, in dem Sie leben?

Erklärung

Insgesamt werden wenige Schulungen zum Thema in den Vereinen durchgeführt. Ein Zusammenhang zur Ortsgröße ist nicht feststellbar.

			Wie viele Einwohner hat der Ort, in dem Sie leben?					
			unter 2000	2000-5000	5000-20000	20000-100000	über 100000	Gesamt
In unserem Verein beobachten wir rechtsextreme Verhaltensweisen bzw. rassistische/diskriminierende Äußerungen	stimme voll zu	Anzahl	5	3	5	6		**19**
		% von Wie viele Einwohner hat der Ort, in dem Sie leben?	6,8%	9,4%	6,3%	8,6%	,0%	**7,0%**
	stimme eher zu	Anzahl	11	4	7	14	1	**37**
		% von Wie viele Einwohner hat der Ort, in dem Sie leben?	15,1%	12,5%	8,9%	20,0%	6,3%	**13,7%**
	stimme eher nicht zu	Anzahl	15	4	19	15	3	**56**
		% von Wie viele Einwohner hat der Ort, in dem Sie leben?	20,5%	12,5%	24,1%	21,4%	18,8%	**20,7%**
	stimme gar nicht zu	Anzahl	42	21	48	35	12	**158**
		% von Wie viele Einwohner hat der Ort, in dem Sie leben?	57,5%	65,6%	60,8%	50,0%	75,0%	**58,5%**
Gesamt		**Anzahl**	73	32	79	70	16	**270**
		% von Wie viele Einwohner hat der Ort, in dem Sie leben?	100,0%	100,0%	100,0%	100,0%	100,0%	**100,0%**

Die Werte sind auch hier relativ ausgeglichen. Die Ortsgröße hat keinen Einfluss auf das Erkennen rechtsextremer Verhaltensweisen.

Erklärung

			\multicolumn{6}{c}{Wie viele Einwohner hat der Ort, in dem Sie leben?}					
			unter 2000	2000-5000	5000-20000	20000-100000	über 100000	Gesamt
In unserem Verein sind andere Themen wichtiger	stimme voll zu	Anzahl	16	7	21	20	7	71
		% von Wie viele Einwohner hat der Ort, in dem Sie leben?	22,2%	21,2%	27,6%	29,9%	46,7%	27,0%
	stimme eher zu	Anzahl	34	12	41	30	6	123
		% von Wie viele Einwohner hat der Ort, in dem Sie leben?	47,2%	36,4%	53,9%	44,8%	40,0%	46,8%
	stimme eher nicht zu	Anzahl	15	10	8	12	1	46
		% von Wie viele Einwohner hat der Ort, in dem Sie leben?	20,8%	30,3%	10,5%	17,9%	6,7%	17,5%
	stimme gar nicht zu	Anzahl	7	4	6	5	1	23
		% von Wie viele Einwohner hat der Ort, in dem Sie leben?	9,7%	12,1%	7,9%	7,5%	6,7%	8,7%
Gesamt		Anzahl	72	33	76	67	15	263
		% von Wie viele Einwohner hat der Ort, in dem Sie leben?	100,0%	100,0%	100,0%	100,0%	100,0%	100,0%

Die Wichtigkeit des Themas ist unabhängig von der Ortsgröße.

Erklärung

			Wie viele Einwohner hat der Ort, in dem Sie leben?					
			unter 2000	2000-5000	5000-20000	20000-100000	über 100000	Gesamt
In unserem Verein sind politische Themen tabu	stimme voll zu	Anzahl	2	1	4	2		9
		% von Wie viele Einwohner hat der Ort, in dem Sie leben?	2,7%	3,1%	5,2%	2,9%	,0%	3,4%
	stimme eher zu	Anzahl	18	5	17	10	2	52
		% von Wie viele Einwohner hat der Ort, in dem Sie leben?	24,7%	15,6%	22,1%	14,7%	12,5%	19,5%
	stimme eher nicht zu	Anzahl	35	19	37	37	9	137
		% von Wie viele Einwohner hat der Ort, in dem Sie leben?	47,9%	59,4%	48,1%	54,4%	56,3%	51,5%
	stimme gar nicht zu	Anzahl	18	7	19	19	5	68
		% von Wie viele Einwohner hat der Ort, in dem Sie leben?	24,7%	21,9%	24,7%	27,9%	31,3%	25,6%
	Gesamt	Anzahl	73	32	77	68	16	266
		% von Wie viele Einwohner hat der Ort, in dem Sie leben?	100,0%	100,0%	100,0%	100,0%	100,0%	100,0%

Politische Themen sind, unabhängig von der Ortsgröße, in Vereinen nicht tabu.

Erläuterung

			Wie viele Einwohner hat der Ort, in dem Sie leben?					
			unter 2000	2000-5000	5000-20000	20000-100000	über 100000	Gesamt
In unserem Verein kennt man bereits Projekte/Initiativen zum Thema	stimme voll zu	Anzahl	3	3	5	5		16
		% von Wie viele Einwohner hat der Ort, in dem Sie leben?	4,1%	9,4%	6,3%	7,5%	,0%	6,0%
	stimme eher zu	Anzahl	20	13	22	21	4	80
		% von Wie viele Einwohner hat der Ort, in dem Sie leben?	27,4%	40,6%	27,5%	31,3%	25,0%	29,9%
	stimme eher nicht zu	Anzahl	30	6	23	19	7	85
		% von Wie viele Einwohner hat der Ort, in dem Sie leben?	41,1%	18,8%	28,8%	28,4%	43,8%	31,7%
	stimme gar nicht zu	Anzahl	20	10	30	22	5	87
		% von Wie viele Einwohner hat der Ort, in dem Sie leben?	27,4%	31,3%	37,5%	32,8%	31,3%	32,5%
	Gesamt	**Anzahl**	**73**	**32**	**80**	**67**	**16**	**268**
		% von Wie viele Einwohner hat der Ort, in dem Sie leben?	**100,0%**	**100,0%**	**100,0%**	**100,0%**	**100,0%**	**100,0%**

Erklärung	Der Bekanntheitsgrad von Projekten und Initiativen ist insgesamt gleichermaßen vorhanden. Zudem besteht eher wenig Interesse, sich zu beteiligen.

			Wie viele Einwohner hat der Ort, in dem Sie leben?					
			unter 2000	2000-5000	5000-20000	20000-100000	über 100000	Gesamt
In unserem Verein besteht Interesse, sich an solchen Projekten zu beteiligen	stimme voll zu	Anzahl	1	2	4	3	1	**11**
		% von Wie viele Einwohner hat der Ort, in dem Sie leben?	1,4%	6,3%	5,1%	4,4%	6,3%	**4,1%**
	stimme eher zu	Anzahl	17	7	20	22	3	**69**
		% von Wie viele Einwohner hat der Ort, in dem Sie leben?	23,3%	21,9%	25,3%	32,4%	18,8%	**25,7%**
	stimme eher nicht zu	Anzahl	35	12	31	30	10	**118**
		% von Wie viele Einwohner hat der Ort, in dem Sie leben?	47,9%	37,5%	39,2%	44,1%	62,5%	**44,0%**
	stimme gar nicht zu	Anzahl	20	11	24	13	2	**70**
		% von Wie viele Einwohner hat der Ort, in dem Sie leben?	27,4%	34,4%	30,4%	19,1%	12,5%	**26,1%**
	Gesamt	**Anzahl**	**73**	**32**	**79**	**68**	**16**	**268**
		% von Wie viele Einwohner hat der Ort, in dem Sie leben?	**100,0%**	**100,0%**	**100,0%**	**100,0%**	**100,0%**	**100,0%**

11. Auswertung

„Das Verbot rechtsradikaler Organisationen und die weitgehende Ächtung rechter Gewalt haben in der Szene zu einem Strategiewechsel geführt. NPD-Kader und Kameradschaften üben sich in Graswurzelarbeit. ... Aber ist das Engagement von Rechtsradikalen per se rechtradikales Engagement? Durchaus- denn es geschieht, um Einfluss auf Diskussionen und Stimmungen zu nehmen."[6]

Nun ist anhand dieser Untersuchung nicht erkennbar, inwieweit rechtsextremes Handeln in den Sportvereinen des Landes Brandenburg vorhanden ist. Das war auch nicht Anspruch dieser Erhebung. Vielmehr war es das Ziel den Sensibilisierungsgrad der Menschen zu messen, die in den Vereinen tagtäglich aktiv sind und möglicherweise in entsprechende Richtung beeinflussbar sind. Positiv hervorzuheben ist die hohe Zahl der Rückläufer. Das zeigt, dass bei vielen Vorständen Bereitschaft vorhanden ist, sich zumindest kurzzeitig mit dem Thema zu beschäftigen. Die Einschätzung der erhobenen Werte ist dann allerdings ernüchternd. Ebenfalls zeigen die Kommentare, dass es im Sport vordergründig um das Sporttreiben geht und auch gehen soll. Soziale und gesellschaftliche Entwicklungen dabei auszublenden, ist trotzdem fahrlässig und der Sportentwicklung nicht zuträglich. Selbstverständlich existieren überall da, wo Menschen zusammen kommen auch unterschiedliche Meinungen und Einstellungsweisen. Sich mit dem Thema dauerhaft auseinander zu setzen, erfordert zudem einen gewissen Grad an Information. Sensibel zu sein, heißt auch Kenntnisse zu dem Thema zu besitzen. Deshalb ist ein Sensibilisierungsgrad in Relation zur vorhandenen Feldkompetenz zu sehen und zu bewerten. Dinge, die nicht erkannt werden, können eben auch nicht thematisiert werden. Eine Beobachtung zweiter Ordnung ist hier notwendig, allerdings wohl auch vielfach mit Überforderung verbunden. Die so genannten „soft skills" sind jedoch die entscheidenden Fähigkeiten für nachhaltiges Wirken in diesem Themenbereich.

Wenn es strategische Versuche der rechtsextremen Organisationen gibt, den Sport gezielt zu nutzen, müsste in dieser Erhebung auch ein höherer Sensibilisierungsgrad erreicht werden, sofern diese gezielte Nutzung auch erkannt

---

[6] *vgl. Borstel, Dierk/Teune Simone/Klein, Ludger:* Forschungsjournal Neue Soziale Bewegungen *(2008): Rechtradikale Zivilgesellschaft?- Neonazis besetzen das Ehrenamt, Lucius et Lucius Verlag, Stuttgart.*

wird. Gerade in den Regionen, die von staatlicher Seite als gefährdet eingeschätzt werden und in denen die Wahlergebnisse der rechtsextremen Parteien vergleichsweise hoch sind, wäre ein anderes Ergebnis zu erwarten gewesen. Eine zu kurz gegriffene These: Gerade ländliche und kleinstädtische Milieus sind durch überschaubare und enge Sozialgefüge geprägt.[7] Man kennt sich untereinander. Das macht eine Positionierung gegen diese Personen besonders schwierig, beziehungsweise es wird die Notwendigkeit gar nicht erst erkannt.

Erfreulich an dem Ergebnis ist, dass es einige Akteure in den Vereinen gibt, die Schulungen nachfragen und sich in Projekten und Initiativen engagieren möchten. Regional übergreifende Konzepte scheinen dabei nicht sinnvoll, da diese von den Akteuren in aller Regel abgelehnt werden. Zudem ist der Begriff „Projekt" weitestgehend negativ besetzt, da er regelmäßig bürokratischen Aufwand erfordert und die Gefahr einer möglichen Fremdbestimmung oder Einmischung durch den Zuwendungsgeber bedeuten kann. Viele Vereinsvertreter scheuen sich nicht ganz zu Unrecht davor. Kleinster gemeinsamer Nenner ist das Sporttreiben an sich. An dieser Erkenntnis der Machbarkeit sollte sich die realistische Strategie orientieren.

Politische Strategien rechtsextremer Organisationen lassen sich hieran nicht erkennen. Es zeigt trotzdem, dass innerhalb der Sportstruktur noch einige Arbeit zu erledigen ist, um die Vereine für Thema zu sensibilisieren. Mit dem Anstrich „Rechtsextremismus im Sport" dürfte das nicht funktionieren. Vielmehr ist es angezeigt, thematische Umwege zu gehen und dadurch Sportvereine in ihren demokratischen Strukturen zu stärken. Das Thema „Rechtsextremismus" wird quasi über die Hintertür ins Spiel gebracht. Projekte größerer Träger müssen sich bewusst sein, dass nur plakatives Wirken nicht ausreicht. Inhaltlich erfolgreich bedeutet: kleinteiliges, mühsames Arbeiten mit großer Anstrengung und der Notwendigkeit eines langen Atems. Das ist ebenfalls eine wichtige Erkenntnis dieser Studie.

Für die Betrachtung von Sportvereinen als zivilgesellschaftliche Akteure bietet sich die Unterscheidung in die Bereiche Primärprävention, Früherkennung und Intervention an.[8]

---

[7] vgl. Borstel, Dierk/Volkmann Tatjana: BBE Newsletter 21/2010, Kommentar (2010): Regionalstudie „Rechtsextremismus in Ostdeutschland".
[8] Vgl. Ribler, Angelika: Vortragsskript 28.03.2009, Fachtagung der Deutschen Sportjugend in Hannover.

Es ist erforderlich, in allen drei Bereichen mit Sportvereinen zu agieren. Während der Hauptteil der Arbeit in der primären Prävention stattfindet, etwa durch Sensibilisierung für das Thema, Werteklärungen oder Schulungsmaßnahmen, spielt die Früherkennung ebenfalls eine wichtige Rolle für die Beratertätigkeit. Entsprechend der vorangegangenen Grafik ist in diesem Bereich durch die Beobachtung bzw. Wahrnehmung von rechtsextremen Tendenzen die Möglichkeit vorhanden, Handlungsenergie zu erzeugen. Interventionsmaßnahmen treten dann beim Vorhandensein rechtsextremer Vorfälle in den Vordergrund. Es gilt, die Vereine dabei professionell zu begleiten.

12. Tabellenverzeichnis

13. Abbildungsverzeichnis

14. Literaturverzeichnis

BORSTEL, DIERK/TEUNE SIMONE/KLEIN, LUDGER: *Forschungsjournal Neue Soziale Bewegungen* (2008): Rechtradikale Zivilgesellschaft?- Neonazis besetzen das Ehrenamt, Lucius et Lucius Verlag, Stuttgart.

BORSTEL, DIERK/VOLKMANN TATJANA: *BBE Newsletter 21/2010, Kommentar* (2010): Regionalstudie „Rechtsextremismus in Ostdeutschland".

BÜCKER, G.: Dem Rechtsextremismus keine Chance, Positionspapier der Deutschen Sportjugend im DOSB e.V. (2007), Hannover.

HABERLANDT, N.: Konzeption „Verein(t) gegen Rechtsextremismus – Sport für Menschlichkeit und Toleranz" (2007), Potsdam.

PILZ, G.A./SCHICK, H./YILMAZ, H.: Fußball und Gewalt – Vernetzung gewaltpräventiver Vereinsjugendarbeit und aufsuchender Jugendsozialarbeit (2008), Zwischenbericht Hannover.

PILZ, G.A. & Co. Rechtsextremismus im Sport in Deutschland und im internationalen Vergleich (2009), Expertise Hannover.

RIBLER, ANGELIKA: Vortragsskript 28.03.2009, Fachtagung der Deutschen Sportjugend in Hannover.

RIBLER, A./PULTER, A.: Konfliktmanagement im Fußball, Frankfurt am Main 2005
SPORTJUGEND NIEDERSACHSEN: go sportstour 2002 – Planungsordner:
Anlage zu 3.8- - Positionspapier der Sportjugend Niedersachsen

15. Anhang

Anhang 1 – Standardisierter Fragebogen

BRANDENBURGISCHE
SPORTJUGEND

Fragebogen zur Erarbeitung einer Situationsanalyse „Sport und Rechtsextremismus im Land Brandenburg"

Rechtsextreme Entwicklungen treten in allen gesellschaftlichen Bereichen auf, offen sichtbar oder in verdeckter Form. Auch in Sportvereinen und Sportverbänden sind diese Tendenzen vorhanden. Ebenfalls zeigen einzelne Fälle, dass die Sportstrukturen Anknüpfungspunkte bieten. Wir möchten Sie nun bitten, uns bei der Arbeit für eine Kultur der Anerkennung, für Demokratie und Toleranz zu unterstützen.

Ziel dieser standardisierten Befragung ist es, eine Situationsanalyse für das Land Brandenburg und die organisierten Sportstrukturen zu entwickeln, und zwar hinsichtlich des Sensibilisierungsgrades in der Vereinslandschaft, möglichen Tendenzen in den Vereinen und des Interesses mit dem Thema umzugehen. Dieses Projekt wird gemeinsam mit der Universität Potsdam umgesetzt.

Wir würden uns sehr über Ihre Teilnahme freuen. Die Ergebnisse der Befragung werden Ende 2010 veröffentlicht. Die Erhebung und Auswertung erfolgt selbstverständlich anonym.

Einige Fragen zum Sportverein: ☐ Sportverein   ☐ Fachverband   ☐ Kreis-/Stadtsportbund

1. Wie viele Mitglieder hat der Verein? (nur für Sportvereine)

☐ bis 25   ☐ 26-50   ☐ 51- 100   ☐ 101-200   ☐ 201-300   ☐ 301-500
☐ 301-600   ☐ über 600

Bei Verband oder Kreis-/Stadtsportbund, wie viele Mitglieder hat die Organisation:_____

2.Einsparten- oder Mehrspartenverein? (nur für Sportvereine)

☐ Einspartenverein   ☐ Mehrspartenverein; Sportart/en:...
....

3. Mitglied im Landessportbund Brandenburg e.V. ?

☐ ja   ☐ nein

Fragen zum Sensibilisierungsgrad im Verein

4. Bitte kreuzen Sie an, inwiefern folgende Aussagen Ihre Meinung widerspiegeln. (Ich stimme ...)

In unserem Verein/Verband/KSB/SSB	Voll zu	Eher zu	Eher nicht zu	Gar nicht zu
...spielt das Thema Rechtsextremismus eine Rolle.	☐	☐	☐	☐
...widmen wir uns gern Projekten zu diesem Inhalt.	☐	☐	☐	☐
...werden die Mitglieder regelmäßig zur Thematik geschult.	☐	☐	☐	☐
...beobachten wir rechtsextreme Verhaltensweisen bzw. rassistische/diskriminierende Äußerungen	☐	☐	☐	☐
...sind anderen Themen wichtiger.	☐	☐	☐	☐
...sind politische Themen tabu.	☐	☐	☐	☐
...kennt man bereits Projekte/Initiativen zum Thema.	☐	☐	☐	☐
...besteht Interesse, sich an solchen Projekten zu beteiligen.	☐	☐	☐	☐
...wird ein offener Dialog zum Thema geführt..	☐	☐	☐	☐

5. Gibt es in Ihrem Verein/Verband bereits eine oder mehrere Initiative/n für Toleranz, Vielfalt und Demokratie beziehungsweise gegen Rechtsextremismus? Wenn ja skizzieren Sie bitte das Projekt und legen die Beschreibung als Anlage bei. (freiwillige Angabe)

6. Aus Ihrer Sicht ist folgende Sportart besonders gefährdet, durch Rechtsextremismus beeinflusst zu werden: _____

       weitere: _____

BRANDENBURGISCHE
SPORTJUGEND

Fragen zu möglichen Vorfällen mit rechtsextremem Hintergrund im Sport

7. Gab es nach Ihrem Kenntnisstand Vorfälle mit organisiertem rechtsextremem Hintergrund in Ihrem sportlichen Umfeld? Wie sind Sie damit umgegangen? (extra Blatt, wenn nötig)
☐ ja, mir sind _____ Vorfälle bekannt ☐ nein;   bei ja, kurze Erläuterung des Sachverhalts:

....

oder kreuzen Sie an:

☐ Anmietung des Vereinshauses/der Vereinsanlage
☐ öffentlichkeitswirksame Nutzung einer Sportveranstaltung
☐ Durchführung einer Sportveranstaltung durch eine rechtsextreme Organisation
☐ Versuch der gezielten Einflussnahme auf den Verein
☐ Mitgliedschaft von Rechtsextremen im Sportverein
☐ Versuch des Sponsoring durch Rechtsextreme Personen/Organisationen
☐ rechtsextreme Spielbesucher im Stadion/Sporthalle
☐ Teilnahme einer rechtsextremen Organisation/Gruppe an Sportveranstaltungen
☐ rassistische bzw. diskriminierende Äußerungen im Sportumfeld
☐ Übernahme oder Neugründungen von Vereinen durch rechtsextreme Personen

Zum Fortbildungsbedarf im Verein/bei Ihnen

8. Zu welchen Fortbildungsbereichen sehen Sie in Ihrem Verein/Verband Bedarf? (Mehrfachantworten möglich)

Einführungsseminar Rechtsextremismus/Argumentationstrainings	☐
Projektmanagement/Projektfinanzierung	☐
Konfliktmanagement	☐
Kommunikation/Präsentation	☐
Beratungsmethoden und Evaluation	☐
Andere, welche:_____	☐

Einige statistische Angaben zu Ihrer Person und zum Wohnort:

9. In welchem Landkreis oder in welcher kreisfreien Stadt leben Sie?

10. Gehört der Ort zum äußeren Entwicklungsraum im Landkreis oder zum engeren Verflechtungsraum zu Berlin?
☐ äußerer Entwicklungsraum   ☐ engerer Verflechtungsraum

11. Wie viele Einwohner hat der Ort, in dem Sie leben?
☐ unter 2000   ☐ 2000 - 5000   ☐ 5000 – 20.000   ☐ 20.000 – 100.000   ☐ über 100.000

12. Welchen beruflichen Status haben Sie derzeit?
☐ Arbeit suchend   ☐ Schüler   ☐ Auszubildender   ☐ Student   ☐ Angestellter
☐ Beamter   ☐ Selbstständiger ☐ Teilnehmer an einer Fördermaßnahme ☐ Rentner

Freiwillige Angabe:
Funktion im Verein/Verband/KSB/SSB..

Aufgabenschwerpunkte: ....

13. Geschlecht: ☐ männlich   ☐ weiblich

14. Wie alt sind Sie?
☐ unter 18   ☐ 18 – 25   ☐ 26 – 35   ☐ 36 – 50   ☐ 51 – 65   ☐ über 65

15. Ihr Bildungs- / Berufsabschluss:
☐ Keiner   ☐ 8. Klasse   ☐ 10. Klasse   ☐ Abitur/HSR ☐ Facharbeiter ☐ Fachhochschule
☐ Hochschule ☐ Anderer

Vielen Dank für Ihre Teilnahme an der Befragung!
Niels Haberlandt; Am Fuchsbau 15a; 14554 Seddiner See; Telefon: 033205/204808; Fax: 033205/54977

Fragebogen zur Erarbeitung einer Situationsanalyse „Sport und Rechtsextremismus im Land Brandenburg"
Ein Projekt der Brandenburgischen Sportjugend im LSB e.V.

Standardisierte Befragung zur Situationsanalyse
Faxantwort:

Es besteht für Sie die Möglichkeit, sich als „Experte" für ein persönliches Interview zur Verfügung zu stellen.
Bitte hinterlassen Sie dann im folgenden Feld Ihre Kontaktdaten.
Der Fragebogen wird gesondert ohne dieses Kontaktformular ausgewertet. Die Daten werden nicht an Dritte weitergegeben.

Name: _____

Verein: _____

Adresse: _____

Telefon: _____

Mobil: _____

Email:

Ich…
☐ möchte einen Beratungstermin   ☐ stelle mich als Experte für ein persönliches Interview zur Verfügung

Sie würden gern an einer Fortbildungsreihe mit den oben genannten Themen teilnehmen?
☐ ja, bitte senden Sie die Ausschreibung   ☐ nein

Wir sind als Institution an weiterführenden Informationen zum Projekt und zum Thema interessiert.
☐ ja   ☐ nein

Kommentare/Anregungen/Wünsche/Erfahrungen

Fragebogen zur Erarbeitung einer Situationsanalyse „Sport und Rechtsextremismus im Land Brandenburg"
Ein Projekt der Brandenburgischen Sportjugend im LSB e.V.

Anhang 2- Anschreiben Vereinsaussendung

An den Vorstand des Vereins oder Verbands

Situationsanalyse „Sport und Rechtsextremismus im Land Brandenburg"

13.10.2009

Sehr geehrter Vorstand,

die Brandenburgische Sportjugend und der Landessportbund e.V. widmen sich seit nunmehr zwei Jahren intensiv dem Thema Rechtsextremismus und Sport und berät Sportvereine und Sportverbände im Umgang mit rechtsextremen Erscheinungsformen in der Organisation. Wir bitten Sie deshalb um Mithilfe uns bei der Erstellung einer Situationsanalyse zu unterstützen, um zukünftig noch zielführender an dem Thema zu arbeiten. Die Universität Potsdam ist begleitend am Projekt beteiligt. Unter dem Arbeitstitel „Sport und Rechtsextremismus" soll wissenschaftlich analysiert werden, inwiefern organisierte rechtsextreme sportliche Strukturen als hilfreich erkannt haben und es eine konzeptionelle Nutzung dieser Organisationsform gibt.

Wir weisen ausdrücklich darauf hin, dass Ihre Angaben vertraulich behandelt und nicht an Dritte weitergegeben werden. Ebenfalls besteht die Möglichkeit eines persönlichen Beratungsgesprächs, sofern gewünscht. Diese Umfrage ist der Beginn der Arbeitsphase bei der Erstellung der Situationsanalyse. Im Anschluss sind Interviews mit im Feld ausgewiesenen Experten vorgesehen, um das Bild zu vervollständigen. Im Mittelpunkt stehen unsererseits die Fragestellungen:

1. Wie ist die Situation im Land Brandenburg hinsichtlich des Themas „Rechtsextremismus im organisierten Sport"? Welche Tendenzen und lokalen Besonderheiten lassen sich identifizieren?

2. Nutzen rechtsextreme Gruppen ein strategisches Konzept zur Etablierung eigener Strukturen hinsichtlich des organisierten Sports, beziehungsweise wie ist ein solches Konzept aufgebaut?

Wir hoffen, dass wir Ihr Interesse wecken konnten und bitten Sie den beiliegenden Fragebogen auszufüllen und an uns zurückzusenden oder zu faxen. Sie benötigen lediglich zehn Minuten für das Ausfüllen. Die Ergebnisse sollen dann in der Mitte des Jahres 2010 veröffentlicht werden.
Sie helfen damit, die Sportstrukturen gegen Rechtsextremismus zu stärken und vor Inanspruchnahmen rechtsextremer Gruppen zu schützen.

Niels Haberlandt

Niels Haberlandt
Projektleitung
Brandenburgische Sportjugend